中小企业融资约束视角下的数字普惠金融发展研究

张晓燕　著

中国财经出版传媒集团
中国财政经济出版社

图书在版编目（CIP）数据

中小企业融资约束视角下的数字普惠金融发展研究／张晓燕著．--北京：中国财政经济出版社，2021.3
ISBN 978-7-5223-0182-2

Ⅰ.①中…　Ⅱ.①张…　Ⅲ.①数字技术－应用－金融事业－研究－中国　Ⅳ.①F832-39

中国版本图书馆CIP数据核字（2020）第230521号

责任编辑：彭　波　　　　责任印制：史大鹏
封面设计：卜建辰　　　　责任校对：张　凡

中国财政经济出版社 出版
URL：http：//www.cfeph.cn
E-mail：cfeph@cfeph.cn

社址：北京市海淀区阜成路甲28号　邮政编码：100142
营销中心电话：010-88191522
天猫网店：中国财政经济出版社旗舰店
网址：https：//zgczjjcbs.tmall.com
北京财经印刷厂印刷　各地新华书店经销
成品尺寸：170mm×240mm　16开　14.25印张　184 000字
2021年3月第1版　2021年3月北京第1次印刷
定价：68.00元
ISBN 978-7-5223-0182-2
（图书出现印装问题，本社负责调换，电话：010-88190548）
本社质量投诉电话：010-88190744
打击盗版举报热线：010-88191661　QQ：2242791300

基金支持：

2017 年中国博士后科学基金第 62 批面上资助项目：普惠金融的扶贫绩效及其发展路径研究（2017M622245）

2020 年山东省自然科学基金面上项目：数字普惠金融与中小微企业融资约束：以山东省为例（ZR2020MG042）

2019 年山东省社会科学规划研究专项金融专项：山东省数字普惠金融的扶贫绩效研究（19CJRJ14）

前　　言

2013年11月，十八届三中全会上明确提出“发展普惠金融”，标志着普惠金融成为我国国家战略之一。近年来，随着数字技术的不断发展及在金融领域的深度融合，数字科技同传统普惠金融的结合日益增强，以移动支付、网络借贷、互联网消费金融等为代表的数字普惠金融正在迅速发展。2017年7月，习近平总书记在全国金融工作会议上明确了我国普惠金融的数字化发展方向。2019年底新冠肺炎疫情爆发以来，数字普惠金融成为金融领域服务实体经济的主要途径。因此，深度发展数字普惠金融，已经成为新时代中国特色社会主义现代金融建设与发展的核心内容之一，代表新经济、新时代金融的重要发展方向。

中小企业“融资难”一直是阻碍中小企业持续发展的顽疾之一，其根本原因是融资约束。近年来，政府颁布了一系列法规和政策，希望通过改善中小企业融资环境来缓解其融资约束。然而，受融资规模小、资质担保差、信用记录不完善、信息不对称等因素影响，“融资难”问题始终难以得到实质性解决。数字普惠金融利用互联网和大数据平台，提高了金融服务的覆盖率，收集了中小企业的信用数据，降低了融资交易成本，从而降低信用风险，改善中小企业融资环境，有助于缓解中小企业的融资约束、实现贫困减缓、推动经济持续健康发展。

在此背景下，本书首先阐述了我国数字普惠金融的发展情况，从理论上探讨了数字普惠金融缓解中小企业融资约束的作用机制。其次，建立数字普惠金融综合指数体系并对各省市的数字普惠金融发展状况进行衡量。再次，实证检验数字普惠金融和中小企业融资约束的关系，发现数字普惠金融发展能够缓解中小企业的融资约束，且这种缓解作用因行业、产权性质、企业规模、制度环境等表现出来较大的异质性。本书进一步研究了数字普惠金融发展的影响因素、影响方向及其影响程度。最后，根据理论分析和实证结果，本书提出了推动数字普惠金融完善的建议，以有效改善中小企业融资难和融资贵的问题，推动中小企业持续健康发展。

本书基于中小企业融资约束的视角研究数字普惠金融发展，具有重要的学术价值和应用价值。学术价值表现在以下两个方面：一是合理界定数字普惠金融的内涵和外延，从理论上理清了数字普惠金融对经济增长和中小企业融资约束的影响及其机制，完善和发展了数字普惠金融理论；二是建立数字普惠金融的衡量指标体系，对我国不同地市数字普惠金融发展现状进行衡量，并在此基础上实证检验数字普惠金融对缓解中小企业融资约束的效果及其作用机制，从而将数字普惠金融理论推向规范的实证研究。应用价值表现在以下两个方面：一是推进数字普惠金融战略的实施，有助于缓解中小企业融资难问题，改善三农问题，减轻贫富分化，促进经济持续健康发展和社会公平稳定；二是缓解了中小企业融资约束，切实改善中小企业融资环境，缓解了中小企业“融资难、融资贵”的问题，对于促进中小企业健康发展具有重要的现实意义。

作　者

2020 年 11 月

目　　录

中小企业融资约束
视角下的数字普惠
金融发展研究
Chapter 1

第1章 绪　论

1.1 选题背景和意义

1.1.1 选题背景

2013 年 11 月，《中共中央关于全面深化改革若干重大问题的决定》明确提出“发展普惠金融”，标志着普惠金融成为我国全面深化改革和完善金融体系的一个重大战略环节。2015 年底，国务院印发《推进普惠金融发展规划（2016～2020 年）》，提出到 2020 年，建立与全面建成小康社会相适应的普惠金融服务和保障体系，充分发挥金融在扶贫开发中的“造血”功能，由正规金融机构向“三农”及小微企业提供金融服务，切实改善“三农问题”“贫困问题”和中小企业“融资难”问题。

然而，在传统金融技术的约束条件下，普惠金融由于追求商业性和社会性双重绩效目标，容易陷入“普惠金融悖论”：在当前融资机制下，要照顾中小企业，则必须压低公众的资金回报；要提高公众投资收益，基于金融资源的逐利性，非普惠性问题将更突出。随着数字技术的不断发展及其在金融领域的深度融合与应用，通过数字技术推动普惠金融发展有望成为解决“普惠金融悖论”的有效途径，以移动支付、网络借贷、互联网消费金融等为代表的数字普惠金融业态迅速发展。2016 年，G20 普惠金融全球合作伙伴组织（GPFI）制定《G20 数字普惠金融高级原则》（以下简称《高级原则》），强调利用数字技术推进普惠金融发展，提出 8 项原则和 66 条行动建议，将数字普惠金融定义为“泛指一切通过使用数字金融服务以促进普惠金融的行动”。自此，数字普惠金融开始成为各界热议的话题。2017 年 7 月，习近平在全国金融工作会议上再次明确我国普惠金融的数字化发展方向。特别是 2019 年 12 月新冠肺炎疫情暴发以来，数字普惠金融更是成为我国金融改革的重中之重，成为金融领域服务实体经济的主要途径。因此，融合“互联网+”，深度发展数字普惠金融，已经成为新时代中国特色社会主义现代金融建设与发展的核心内容之一，成为解决当前普惠金融现实难题的有力手段和可靠路径，在有效破解金融排斥问题上，解决“三农”、中微企业“融资难”、精准扶贫等领域具有巨大的潜力，代表着新经济、新时代金融的重要发展方向。

中小企业“融资难”问题一直是阻碍中小企业持续发展的顽疾之一。事实上，“融资难”是表象，其背后的根本原因是融资约束，融资约束已然成为其发展及成长的严重羁绊。受融资规模小、资质担保差、经营与信用记录不完善、信息不对称严重等内部及外部因素的影响，中小企业在不断成长过程中始终面临着融资约束过多的问题，使中小企业的成长遇到种种阻力，而采用传统的融资模式难以缓解融资约束。《中国中小企业年鉴（2016年）》的调查数据显示，2016年有38.8%的有融资需求的中小企业认为其融资需求不能得到满足。近年来，中国经济下行压力加大，各级政府颁布了一系列法规和政策扶持中小企业发展，关键着力点就是通过改善中小企业融资环境来缓解其融资约束，然而，仍然未能营造一种完全适合中小企业创新发展的环境，因此不能从根源上解决中小企业的融资约束问题。目前，快速发展的数字普惠金融能够利用互联网和大数据平台，有效缓解中小企业等特殊群体的融资约束问题，成为解决中小企业“融资难”问题的有力武器：首先，数字普惠金融克服了空间和时间的障碍，显著提高了金融服务覆盖率、可获得性和满意度，能够更好地满足中小企业的融资需求；其次，数字普惠金融有助于减轻中小企业在传统金融市场中面临的诸多限制条件，能够拓宽融资渠道、降低融资交易成本和提高融资效率等；最后，数字普惠金融利用大数据平台能够更好地收集并筛选出中小企业的信用数据，减轻信息不对称程度，有效降低信用风险，改善中小企业融资环境。

1.1.2 选题意义

普惠金融已经上升为国家战略，而数字普惠金融代表普惠金融的发展方向。中小微企业是国民经济发展的基本单元，在解决就业、改善人民生活、调整经济结构、促进经济发展中有着不可或缺的重要作用。因此，本书基于中小企业融资约束的视角研究数字普惠金融发展，具有重要的学术价值和应用价值。

学术价值表现在以下两个方面：一是合理界定数字普惠金融的内涵和外延，从理论上理清了数字普惠金融对经济增长和中小企业融资约束的影响及其机制，完善和发展了数字普惠金融理论；二是建立数字普惠金融的衡量指标体系，对我国不同地市数字普惠金融发展现状进行衡量，并在此基础上实证检验数字普惠金融对缓解中小企业融资约束的效果及其作用机制，从而将数字普惠金融理论推向规范的实证研究。

应用价值表现在以下两个方面：一是推进数字普惠金融战略的实施，有助于缓解中小企业"融资难"问题，改善"三农"问题，减轻贫富分化，促进经济持续健康发展和社会公平稳定；二是缓解了中小企业融资约束，切实改善中小企业融资环境，缓解了中小企业"融资难、融资贵"的问题，对于促进中小企业健康发展具有重要的现实意义。

1.2 主要概念

1.2.1 普惠金融

联合国（2005）提出"Inclusive Financial System"，拉开了对普

惠金融的研究序幕，将普惠金融定义为“一个能够有效、全方位为社会所有阶层和群体——尤其是贫困、低收入人口——提供服务的金融体系”，小微企业、农民、城镇低收入人群等弱势群体是其重点服务对象。周小川（2013）将普惠金融的概念与中国的现实国情结合，认为“普惠金融是指通过完善金融基础设施，以可负担的成本将金融服务扩展到欠发达地区和社会低收入人群，向他们提供价格合理、方便快捷的金融服务，并不断提高金融服务的可获得性”。[①]

但是，仅靠前述基本概念表述，我们仍然难以准确界定实践中的某一经济行为是否属于普惠金融。鉴于此，本书借鉴星焱（2016）[②]的观点，归纳了普惠金融的“5+1”界定法。“5”即普惠金融的五个核心要素：可得性是普惠金融最基本的度量指标，是指金融网点或金融产品在地域和空间上的覆盖密度或通过相关金融服务在总人口（或成年人）中的获得比率衡量；价格合理性，从客户角度，应让消费者感觉价格优惠，不存在价格排斥和歧视，从金融机构角度，应当使其成本可负担、商业可持续；便利性是指客户能够方便、快捷地获得所需的金融服务，时间成本、空间成本和交易成本不能太高；安全性是指金融服务首先要合法，其次要重视金融账户和托管资金的安全指数；全面性强调金融服务的多样性，包括投融资、理财、担保、支付、结算以及征信、金融教育、权益保护等全方位的个人服务和公共服务体系。“1”即面对特定的服务客体，虽然在现有概念中，普惠金融服务对象为“每一个人”“社会各阶层”，但实际上主要是指弱势群体，通常包括低收入者、小微企业、老年人和残障人士等特殊人群，他们财富占有少、个体多，统计上具有长尾分布特征，因此可以称其为“长尾群体”。当金融服务或金融产品至少符合“5”种之一，同时针对了普惠金融的特有服务客体时，就可以将其界定为普惠金融

① 周小川. 践行党的群众路线推进包容性金融发展［J］. 中国金融家，2013（10）：18-21.

② 星焱. 普惠金融：一个基本理论框架［J］. 国际金融研究，2016（9）：21-37.

的经济行为范畴。

普惠金融发展与传统金融发展是不同的。表1－1从内涵、理念、目的与度量四个角度辨析了普惠金融发展与传统金融发展的差异。从内涵上看，普惠金融与金融排斥相对，主要是要提高金融服务的广度。从目的上看，普惠金融强调了享受金融服务的“平等机会”，其目标是使那些被排斥在金融体系之外的经济主体能够以可负担的成本享受金融服务。从理念上看，普惠金融发展以机会平等和商业可持续性为理念，并不强调金融机构要最大化利润或最大化经济效率。从度量上看，普惠金融发展通常通过普惠金融衡量指数来度量，而这一指数一般采用合成的方式，具体的分项指标包括银行网点覆盖率、ATM覆盖率、人均存款、人均贷款、贷款利率上浮比率等。

表1－1　普惠金融发展与传统金融发展的区别

	传统金融发展	普惠金融发展
内涵	金融深化	金融广化
目的	汇集社会闲散资本、转化为投资	让各阶层都能以合理成本享受到金融服务
理念	以效率为导向，利润最大化、风险最小化	机会平等、商业可持续、特定化配比程度
衡量	以M2/GDP、信贷/GDP、股市规模/GDP等指标分别度量信贷市场和资本市场发展	对网点覆盖率、人均银行账户数、人均贷款、贷款利率上浮程度等指标进行合成和加权

1.2.2　数字普惠金融

G20普惠金融全球合作伙伴组织（GPFI，2016）发布《G20数字普惠金融高级原则》，将数字普惠金融定义为“泛指一切通过使用数字金融服务以促进普惠金融的行动。”GPFI进一步明确指出，数字普惠金融的具体内容是通过数字化或电子化技术（如电子货币、支付卡和常规银行账户）开展各项传统金融服务和银行对账服务，关键点在于负责任、成本可负担、商业可持续。

结合《高级原则》，本书认为，数字普惠金融的结构如图1－1所示。

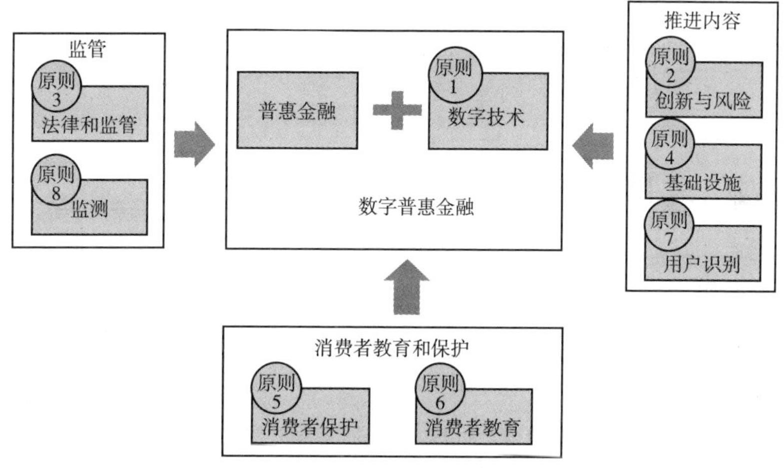

图1－1　数字普惠金融的八大原则关系

原则1的数字技术内容和普惠金融相结合，形成数字普惠金融的核心内涵，即利用数字技术实现普惠金融，提高普惠金融水平；原则2创新与风险、原则4基础设施和原则7用户识别是普惠金融目标实现的主要推进内容；原则5消费者保护和原则6消费者教育保障和实现了消费者的利益；原则3法律和监管框架、原则8运行监测，则指导监管环境。数字技术使传统普惠金融发生了巨大的变化："数字"使普惠金融的商业可持续成为可能，正如《高级原则》中指出的，"过去几年，数字金融服务方面的创新速度惊人"，并在成本降低方面表现卓越，为商业可持续的普惠金融发展提供了广阔空间；"数字"消除了普惠金融的时间和空间限制，一方面实现了服务空间的巨大提升，互联网叠加无线电信号几乎能将金融服务提供到世界的任何一个角落；另一方面实现了服务时间上的巨大提升，金融机构可以实现"7×24×365"的金融服务提供；"数字”为普惠金融提供了全新的渠道，互联网渠道实现了个人客户、企业客户与金融服务商无地域限制、无时间限制、无物理网点成本限制的接触，其近乎零运营成本的服务提供，消除了弱势群体在消费“金融服务”方面的成本劣势；“数字”为普惠金融提供了全新的技术平台，如大数据、客户画像、区块链等新的技术方式和方法，提升了传统模式的效率。

1.2.3 融资约束

融资约束（Financing Constraints）描述的是企业对外融资时受到的限制，一般将其定义为由市场不完备（不对称信息、代理成本等）导致企业内部融资成本和外部融资成本存在的差额。

经典的财务理论，如Modigliani和Miller（1958）认为，在现实社会中，信息不对称问题和代理问题都会使外部融资的成本高于内部资金成本，企业的融资能力总是在很大程度上影响其投资行为。Greenwald、Stigliz和Weiss（1984）、Mayers和Majluf（1984）建立了不完美市场下的融资优序理论，他们认为内外部融资成本的差异，即企业面临的融资约束的程度，与信息不对称的程度正相关。Fazzad等（1988）① 认为，由于资本市场是不完善的，公司内外融资的成本有着显著不同，内部资金成本低于外部资金成本，同时，股利支付率影响公司内部资金的多少，能够衡量公司融资约束的程度。Kaplan和Zingales（1997）将其定义为企业内部融资成本和外部融资成本存在的差额，并提出使用企业行为特征（投资—现金流敏感性、现金—现金流敏感性）或者企业财务变量的线性组合作为融资约束的度量。李焰等（2011）认为，融资约束是指企业在发展过程中遇到有价值的投资机遇时，却无法获得外部资金支持的一种

① Fazzari, S. M., Hubbard, R. G., Peterson, B. C., Financing Constraints and Corporate Investment [J]. Brookings Paperson Economic Activity, 1988.

状况，具体表现为资金获得性约束，包括债务融资约束、股权融资约束①。邓可斌（2014）等认为小微企业融资约束是指由于市场不完备而导致融资主体外源融资成本过高，并因此使其投资无法达到最优水平的情况②。

鉴于以上已有研究，融资约束可理解为外源融资的限制，这一问题对于中小微企业来说显得尤为突出，只有获得融资，才能在市场上有立足之本。中小企业融资约束可以按照企业内部融资能力约束和企业外部资金来源约束分类划分。中小企业内部融资能力的约束主要来自企业内部的融资障碍，外源融资约束的原因在于融资模式陈旧、信息不对称、资本市场及信贷市场的不完善等。由于融资约束的存在，使中小企业向金融机构或金融市场申请资金或贷款被拒绝，直接影响了中小企业的发展与成长。

1.3 研究内容和主要问题

1.3.1 研究内容

近年来，数字科技同传统普惠金融的结合日益增强，数字普惠金融成为现代普惠金融发展的新阶段，对于缓解中小企业“融资难”、实现贫困减缓、推动经济持续健康发展具有重要的作用。在此背景下，本书阐述我国数字普惠金融的发展情况，论证数字普惠金融缓解中小企业融资约束的作用机制，建立数字普惠金融综合指数体系，对各省区市的数字普惠金融发展状况进行衡量，并对数字普惠金融和中

① 李焰．企业集团化运作、融资约束与信用扩张效应［M］．北京：北京大学出版社，2011.

② 邓可斌，曾海舰．中国企业的融资约束：特征现象与成因检验［J］．经济研究，2014（2）：47－60，140.

小企业融资约束的关系进行实证检验，发现数字普惠金融发展能够缓解中小企业的融资约束，且这种缓解作用因行业、产权性质、企业规模、制度环境等表现出较大的异质性，从而提出发展数字普惠金融的必要性。为了持续推动数字普惠金融的发展，需要确定数字普惠金融发展的影响因素、影响方向及其影响程度，从而有针对性地采取措施，推动数字普惠金融的持续开展和完善。本书的研究内容（除总论外）如图1－2所示。

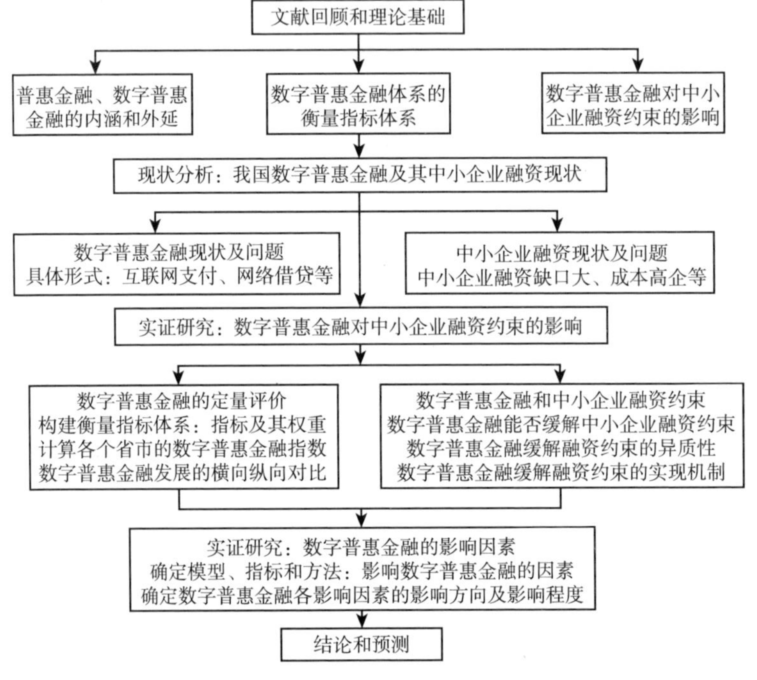

图1－2　本书的研究内容

第一部分梳理和评价国内外现有研究成果，奠定本书的理论基础和研究重点。

第二部分阐述我国数字普惠金融和中小企业融资的现状。数字普惠金融分为两类：一种是传统金融机构引入数字技术创新现有金融产品，另一种是新兴金融机构提供渗透度更深的互联网金融产品。数字普惠金融形式较多，本书拟从互联网支付、网络借贷、数字保险、网络众筹和互联网财富管理等方面阐述我国数字普惠金融发展现状及其问题。在经济下行压力较大的环境下，中小企业特别是中小民营企业“融资难、融资贵”的困境始终存在，其获得的金融支持与经济贡献重要性严重不匹配，导致很多中小企业步履维艰，濒临破产。

第三部分对数字普惠金融进行定量评价。本书主要依照GPFI制定的普惠金融指标体系和北京大学互联网金融研究中心的“北京大学数字普惠金融指数”，从覆盖面（账户的覆盖率）、深度（支付业务、保险业务、投资业务）和数字支持服务程度（便利性、金融服务成本）三个一级维度，构建起相应的衡量指标体系，为解决指标的单位、性质、计量方式的差异性问题，本书使用联合国开发计划署UNDP编制的人类发展指数的方法计算数字普惠金融指数，对我国各省区市的数字普惠金融发展水平进行量化。

第四部分验证数字普惠金融对中小企业融资约束的影响。本书选择固定效应的门槛检验，因变量为企业现金持有量变动指标衡量企业融资约束，自变量为数字普惠金融指数、现金流及其两者的交乘项，控制变量包括企业规模、企业成长性、企业短期负债变动、企业净营运资本变动、企业资本支出等，发现数字普惠金融和企业融资约束之间呈现非线性关系。本书进一步将中小企业按照行业、产权性质、企业规模、制度环境等标准进行分类，加入虚拟变量，验证数字普惠金融对融资约束影响的异质性。

第五部分采用动态GMM验证数字普惠金融发展的影响因素及其影响程度，以数字普惠金融综合指数作为因变量，各影响因素作为自变量，包括金融滞后性、经济发展水平、产业结构、互联网使用情况、城乡收入差距、公众金融意识、地理因素、金融基础设施、普惠金融服务成本等。

第六部分根据现状分析和实证检验结果，提出发展数字普惠金融、缓解中小企业融资约束的对策，让金融服务惠及更广泛的客户群体，在一定程度上解决中小企业融资缺口和成本高企的问题。

1.3.2 研究目标和关键问题

本书在内生金融理论和长尾理论的基础上，基于中小企业融资约束的视角，利用中小企业板上市公司的公开数据并结合问卷调研数据，对我国的数字普惠金融进行定量研究，并验证数字普惠金融对中小企业融资约束的影响及作用路径。

具体目标如下：一是构建数字普惠金融衡量指标体系，计算我国总体和31个地市的数字普惠金融指数，分析和比较东、中、西、东北不同地区数字普惠金融的发展情况；二是验证数字普惠金融发展能否缓解中小企业的融资约束，如果能，传导机制是什么，如果不能，原因是什么；三是找出数字普惠金融发展的显著影响因素，以促进其持续健康发展，如加强信用体系建设、加强普惠金融必要宣传、提高低收入群体的收入等。

针对现实情境下的实践需求与理论缺口，本书聚焦于“数字普惠金融发展能否缓解中小企业的融资约束”和“如何发展数字普惠金融，缓解中小企业的融资约束”两大核心问题，展开研究，并尝试回答以下几个子问题。

1. 数字普惠金融缓解中小企业融资约束的作用机制

数字普惠金融的覆盖广度、使用深度和数字支持服务程度均对中小企业融资约束具有缓解作用（对民营中小企业的缓解作用更为明显），其作用机理具体如图1-3所示。

由图1-3可知，数字普惠金融在下列四个维度的耦合作用下抓住中小企业：金融服务覆盖范围不断延伸，增强了其触达能力；数字技术的普遍应用提高了金融服务的可获得性，促使金融服务需求向“尾部”客户群体移动；互联网数字技术能够快速高效搜集和筛选信

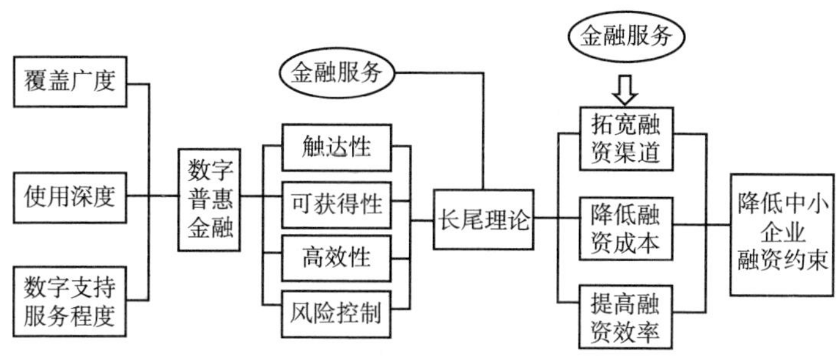

图 1－3　数字普惠金融缓解中小企业融资约束机理

息，简化信贷审核程序，提高了金融服务的效率；信息搜集与处理的高效便捷等优势，有效缓解了信息不对称程度，增强了金融风险识别和控制能力。

2. 数字普惠金融的衡量

本书参照普惠金融全球合作伙伴（2015）的普惠金融指标体系和北京大学互联网金融研究中心（2020）的“北京大学数字普惠金融指数”，从覆盖面、使用深度和数字支持服务程度三个维度，构建起数字普惠金融的衡量指标体系，具体如表 1－2 所示。可见，在数字普惠金融衡量体系中，着重突出了数字支持程度，这是数字普惠金融区别于传统普惠金融的地方。

此外，为解决指标的单位、性质、计量方式的差异性问题，本书使用联合国开发计划署 UNDP 编制的人类发展指数的方法，运用熵值法计算指标权重，最后得出数字普惠金融指数。

表 1－2　数字普惠金融的衡量指标体系

一级维度	二级维度	具体指标
覆盖广度	账户覆盖率	每万人可获得的金融机构数
		金融从业人员数
		每万平方公里拥有的金融机构数
		每万人拥有支付宝账号数量
		支付宝绑卡用户比例

续表

一级维度	二级维度	具体指标
使用深度	支付业务	人均存货款余额与人均城乡居民储蓄
		人均支付金额
		高频度活跃用户数（年活跃150次以上占比）
	信贷业务	每万支付宝成年用户中有互联网消费贷的用户数
		人均贷款金额
		每万支付宝成年用户中有互联网小微经营信贷的用户数
		小微经营者户均贷款金额
	保险业务	每万人被保险用户数
		人均保险笔数
		人均保险金额
	投资业务	每万人支付宝用户中参与互联网投资理财人数
		人均投资笔数
		人均投资金额
数字支持服务程度	便利性	移动支付占比数
		移动支付金额占比
	金融服务成本	小微经营者平均贷款利率
		个人平均贷款利率

3. 数字普惠金融对中小企业融资约束影响的实证检验

首先，本书借鉴 Khurana（2006）和邹伟（2018）的方法，利用现金—现金流模型研究中小企业融资约束问题，求出现金持有量变动指标；其次，本书选择固定效应的门槛检验，因变量为企业现金持有量变动指标，自变量为数字普惠金融指数、现金流及其两者的交乘项，控制变量包括企业规模、企业成长性、企业短期负债变动、企业净营运资本变动、企业资本支出等，虚拟变量包括年份、季节和行业等。本书发现两者之间呈现非线性关系，即当企业规模未跨越门槛值时，数字普惠金融对于企业融资约束表现为显著的减缓作用，但当企业规模超过门槛值时，数字普惠金融对于企业融资约束虽仍有减缓作用，但表现出递减的规律。

本书还将在此基础上，进一步验证数字普惠金融对中小企业融资约束的异质性影响：区分企业规模（中型、小型、微型）、区分企业性质（国有企业、民营企业），甚至区分所属行业、制度背景等。结论是：数字普惠金融对民营中小企业融资约束的缓解作用更为明显。

4. 数字普惠金融对贫困减缓的作用及其机制

数字普惠金融的另一主要服务对象是农民和城镇低收入群体，因为对于中国减贫具有重要作用，本书以中国 2011 ~ 2018 年的省际数据，采用基准回归模型、交互效应模型和中介效应模型，以数字普惠金融指数为自变量，以居民人均消费水平为因变量，并加入中介变量和控制变量进行实证检验，发现数字普惠金融具有显著的减贫效应，且能够使穷人受益更多。本书还对数字普惠金融实现贫困减缓的内在机制进行了实证检验，发现存在收入增长效应和收入分配效应，且收入增长的中介作用强于收入分配的中介作用。

5. 数字普惠金融发展的影响因素、影响方向及其影响程度

为了事半功倍地发展数字普惠金融，找出其显著影响因素非常重要。因此，本书采用动态 GMM 验证数字普惠金融发展的影响因素及其影响程度，以数字普惠金融综合指数作为因变量，各影响因素如表 1 - 3 所示。

表 1 - 3　数字普惠金融发展的影响因素、衡量指标和预计影响方向

影响因素	衡量指标	预计影响方向
金融滞后性	滞后一期的数字普惠金融指数	正
经济发展水平	人均国民收入水平	正
产业结构	第三产业占比	正
互联网使用情况	每 100 人中的互联网使用人数	正
城乡收入差距	城乡居民人均可支配收入之比	负
金融意识	国民受教育程度即高等教育院校的入学率	正

续表

影响因素	衡量指标	预计影响方向
地理因素	人口密度	正
金融基础设施	评级收入增长率	正
普惠金融服务成本	小额信贷利率水平	负
其他	待完善和补充	待定

1.4 研究方法和技术路线

1.4.1 研究方法

本书以理论和实证、定性与定量、静态与动态综合集成为研究方法原则，具体采用的方法主要为：

（1）文献研究与理论推演方法。

文献梳理与分析既是了解相关理论、成果、范式与方法的起点，也是选择研究主题和研究设计的基础性工作。本书通过梳理现阶段国内外关于内生金融理论、普惠金融和数字普惠金融、中小企业融资约束等方面的研究成果，重点归纳了数字普惠金融的概念、衡量、影响因素、经济绩效等方面，为本书的研究命题、假设与概念模型提出奠定基础。

（2）案例研究和问卷调查方法。

本书的研究对象为中小企业，视角为中小企业融资约束，立足于现实情境，这与国外相关理论与实证研究的前提假设存在巨大差异，探索性案例研究正是弥补该缺陷、体现情景特殊性的最优方法。问卷调查是验证本书理论框架与研究假设的主要方法之一，特别是在缺乏公开数据时，问卷调查可以较好地弥补这一缺陷，获得真实、详尽的数据。本书为了更深入地分析中小企业融资约束，选择山东省内的中小企业作为研究对象，依托齐鲁股权交易中心，通过问卷调查的方式，对企业的资金实力、抵押资产、融资需求、资金获取、融资成本等方面进行调研。

（3）比较分析法。

科学探究活动中常常用到比较分析法，本书将比较数字普惠金融、传统普惠金融、互联网金融等相近概念，比较不同数字普惠金融形式的特点和比较优势，比较东部地区、中部地区、西部地区和东北地区的数字普惠金融发展水平，比较数字普惠金融不同影响因素的影响方向和程度。

（4）实证研究法。

实证研究是经管领域最科学、最流行的研究方法，本书将采用多种实证方法验证数字普惠金融的影响。采用阈值和关联度分析对各省区市的数字普惠金融发展现状进行量化，采用固定效应的门槛检验来验证数字普惠金融对中小企业融资约束的影响，采用动态面板广义矩（GMM）验证各个影响因素对数字普惠金融的影响方向及其影响程度。

1.4.2 技术路线

本书按照背景分析、提出问题、分析问题、解决问题、研究启示的思路展开研究，具体技术路线图如图1-4所示。

首先，结合国家关于普惠金融和中小企业融资的相关政策、我国中小企业发展困境和资金“瓶颈”等现实情况、普惠金融和数字普惠金融理论等，识别出中国情境的理论缺口和实践需求，提出本书研究的现实问题与科学问题——数字普惠金融能否缓解中小企业融资“瓶颈”。

其次，结合Wind、CSMAR数据库及其实地问卷调查等数据，分析我国数字普惠金融的开展情况，包括互联网支付、网络借贷、数字保险、网络众筹和互联网财富管理等方面，比较东部、中部、西部以及东北的区域差异。

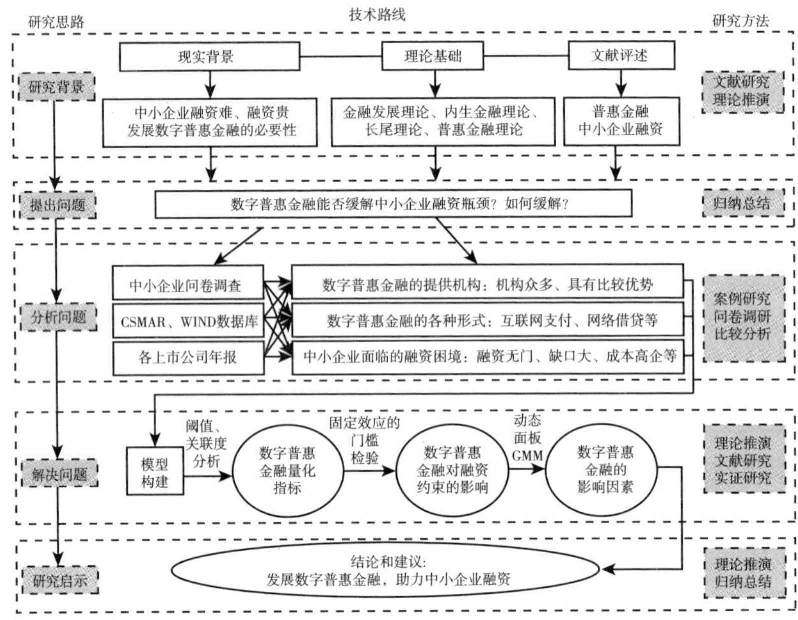

图1－4　本书的研究路线

再次，通过实证分析的方法解决问题，这是本书的重点环节。其包括三个部分：一是建立数字普惠金融衡量指标体系，利用阈值法计算得出各地的数字普惠金融指数；二是验证数字普惠金融对中小企业融资约束的影响，以数字普惠金融指数为因变量，以现金持有量变动为自变量，选取其他控制变量建立门槛检验模型，验证两者间是否存在门槛值和非线性关系；三是探讨推动数字普惠金融的路径，即验证数字普惠金融的影响因素，以便有针对性地采取措施。

最后，结合现实分析和实证检验，提出发展数字普惠金融，缓解中小企业融资约束的可行的政策建议。

1.5　创新点

一是从缓解中小企业“融资难”这一视角提出发展数字普惠金

融的必要性。本书首先从理论上分析了数字普惠金融发展对缓解中小企业融资约束的影响机理，并利用GMM模型对数字普惠金融指数和现金—现金流敏感性的关系及其作用机制进行实证检验。

二是构建了适合我国国情的数字普惠金融衡量指标体系。本书结合普惠金融全球合作伙伴（GPFI）的普惠金融衡量指标体系和北京大学数字金融研究中心（2020）的“数字普惠金融指数”，从覆盖广度（账户的覆盖率）、使用深度（支付业务、保险业务、投资业务）和数字支持服务程度（便利性、金融服务成本）三个维度，构建起数字普惠金融的衡量指标体系，尽可能详尽而全面地体现出我国和各省区市数字普惠金融的现实状况。

中小企业融资约束
视角下的数字普惠
金融发展研究
Chapter 2

第2章 文献回顾和理论基础

本章将对数字普惠金融和中小企业融资约束的国内外文献和理论进行梳理，为后面的研究奠定理论基础。

2.1 文献综述

关于数字普惠金融、中小企业融资约束及其两者之间关系，历来是研究热点，为此国内外学者进行了大量的研究。我们在此进行梳理，为后面的实证研究奠定理论基础。

2.1.1 普惠金融

联合国（2005）首先提出“Inclusive Financial System”，拉开了对普惠金融的研究序幕。自此，众多国内外学者对于普惠金融的内涵、衡量、风险以及经济影响进行了理论研究和实证研究。

（1）从内涵来看，普惠金融与小额信贷、微型金融之间存在密切的关系，是小额信贷和微型金融延伸的结果。联合国（2005）认为，普惠金融是一个能够有效地、全方位地为社会所有阶层和群体——尤其是贫困、低收入人口——提供服务的金融体系。焦瑾璞（2006，2007，2010）首次提出“普惠制金融体系”，是以商业可持续的方式为包括弱势经济群体在内的全体社会成员提供全功能的金融服务。杜晓山（2004，2006，2009，2013）认为普惠制金融使过去被排斥于金融服务之外的大规模客户群体获益，具有服务对象的广泛性、服务提供商的多元化等特征。吴晓灵（2008，2013）认为普惠金融的核心是让每一个人在具有金融需求时，都能够以合适的价格，享受到及时的、有尊严的、方便的、高质量的金融服务。周小川（2013）认为，普惠金融是指“通过完善金融基础设施，以可负担的成本将金融服务扩展到欠发达地区和社会低收入人群，向他们提供价格合理、方便快捷的金融服务，不断提高金融服务的可获得性”。李建军（2014，2016，2019）指出，发展普惠金融体系的商业可持续性是决定金融能否更好地向各社会阶层提供针对性服务的关键问题，需要将风险和成本控制在金融机构可以承受的范围内，必须依托现代信息技术，充分利用云计算、移动互联网、大数据等。世界银行（The World Bank，2015）指出，普惠制金融强调金融服务的全面性和覆盖面，通常以使用金融服务的个人或公司所占的比重衡量，需要借助于新技术手段、为客户量身定做金融产品，以提升普惠金融的覆盖面。

（2）很多学者探讨建立普惠金融体系的必要性。Besley 等（1998）研究发现，小额信贷通过产品创新、渠道创新及其制度创新，能够克服信息不对称带来的逆向选择、道德风险和合约实施问题，提高贫困人口投向资金的使用效率，促进农业生产和农民生活水平的提高。Jeffery 等（1999）探讨了拉美国家小额信贷业务的商业化问题，并指出许多实施小额信贷的非政府组织已经转变为正规金融机构，以扩大业务规模获得盈利。胡金焱（2004）指出，可以通过团体贷款、动态激励、有规律的还款安排等方式，解决我国金融活动中的道德风险和逆向选择问题。Matthieu（2009）以孟加拉国为实例，运用匹配评价技术，发现小额贷款对当地农民的支出、劳动供给以及入学率等方面都有积极的促进作用。Rashid 等（2011）构建了一个代理人模型框架对小额信贷影响的前期政策实施进行检验，证明了小额信贷对穷人财富水平有正向影响。Morgan 和 Pontines（2014）检验了普惠金融发展和金融稳定性的关系，随着小微企业融资规模不断增大，不良贷款率和违约率逐渐降低，金融稳定性得以增强。

（3）普惠金融产品的定价问题即小额信贷利率确定问题。在国外，Conning（1999）通过 72 家小额贷款机构数据研究发现，小额贷款机构要收取更高的利息以覆盖其经营成本以实现可持续发展。小额信贷信息交换中心（MIX，2008）研究发现，在盈利的小额信贷机构中，贷款利率约为26%，远远大于同期银行贷款利率。Rosenberg（2009）研究发现，小额信贷机构的贷款利率基本上与经营成本相适应，呈逐渐下降趋势。在我国，多数学者认为我国小额信贷利率水平偏低，应实行更灵活的利率政策，如齐春宇（2008）、汤敏（2005，2008）、杜朝运（2009）、伍虹儒（2010）、吴晓灵（2013）、何德旭（2015）等。

（4）普惠金融风险研究主要从微观和宏观两个层面进行。微观金融风险防范主要是降低某一普惠金融业务的风险，或者某一普惠金融供给机构的风险。在国外，Stiglitz（1990）、Conning（1996）、Ghatak（1999）等均认为，设定足够高的连带偿付责任，让团体成员可以相互监督，能使团体贷款从事安全小额信贷项目。Thierry等（2006）指出，农户缺乏可担保的实物，农户联保能够有效防范金融风险。Alexander（2006）指出，通过激励机制可化解因策略性违约引发的小额信贷风险。在我国，微观金融风险防范一方面体现为各类担保和抵押方式的出现，另一方面体现为各类普惠金融机构具体的管理风险方法。对于宏观金融风险防范的研究始于2010年9月印度爆发的小额贷款危机，并成为国际上普惠金融的研究热点。Jessica（2013）界定了“过度借贷”，并分析出现这种问题的原因。Shahidur（2013）实证检验了孟加拉国的借款者是否存在过度借贷。但是，在我国系统性金融风险还未引起重视。王颖（2012）认为，发展普惠金融可以降低系统性风险，我国对普惠金融监管采取了更大的容忍度，例如，可适当提高普惠金融机构的存贷比，容忍更高的违约率。

（5）普惠金融的定量研究，主要体现在构建衡量指标体系并对各国（地区）的普惠金融发展水平进行测度。金融包容全球合作伙伴组织（Global Partnership for Financial Inclusion，GPFI，2013）所构建的普惠金融指标体系则包含可得性、使用情况和金融服务等3个维度，共计19个指标。2012年，世界银行建立全球普惠金融数据库（Global Financial Inclusion Database，Findex）作为一个国际间可比、可持续监测的普惠金融公共指标数据库，对普惠金融研究提供了极大的便利，该指标体系更侧重反映用户方金融服务实际使用情况，分为账户普及使用、储蓄行为、借贷行为、保险行为等四大类，并按照性别、年龄、文化程度、收入、城乡等人群特点分解为众多维度。Sarma（2010）选择了银行渗透度、金融服务的可获得性和使用状况三个方面的指标，参照人类发展指数的构建方法，衡量了不同国家的普惠金融水平。Rahman（2013）从渗透便利程度、吸纳率、使用效率和满意度水平等四个维度进行加权平均以求得最终的普惠金融指数。在我国，普惠金融的量化研究还比较少，王韦程（2015）从供给方、需求方和外部因素三个部分构建了普惠金融指数构架，其中供给方主要包括金融服务基础设施、设备和人员等指标，需求方主要考虑产品和服务等指标，外部因素主要关注经济发展水平、科技发展水平、政策制定情况等指标。焦瑾璞（2015）、杜朝运（2016）等在金融服务的可获得性、使用情况及服务质量三个维度下，建立普惠金融指标体系，使用层次分析法确定指标权重，计算中国的普惠金融发展指数，并对各省区市的普惠金融发展水平进行比较。刘亦文等（2018）从金融服务渗透性、服务可得性、使用效用性和可负担性四个维度建立中国特色的普惠金融指标体系，并对我国各地区普惠金融水平进行测度。

（6）对于普惠金融对经济增长的影响和机制，学者主要采用金融发展深度的视角进行研究。大部分文献认为普惠金融能够帮助穷人和中小企业更方便地获得信贷支持，降低流动性约束，推动经济增长。(Demirguc et al.，2008；Beck et al.，2012；Allen et al.，2016)。国内的实证研究开始较晚，李涛等（2016）实证考察了普惠金融对经济增长的总体影响以及不同经济社会条件的不同经济体中的异质性影响。刘亦文等（2018）基于固定效应的面板门槛模型实证分析了普惠金融发展水平的不同阶段对经济增长的非线性影响，发现普惠金融发展对经济增长存在双门槛效应。李建军（2019）基于固定效应的面板门槛模型进行实证分析，发现普惠金融发展水平的不同阶段对经济增长的影响具有双门槛效应。夏旭红（2019）使用固定效应模型与 GMM 动态面板数据模型进行研究，发现我国整体的普惠金融水平有了一定的进步，但地区差异相对较大，普惠金融在促进经济增长方面具有重要作用，但从长远来看这一贡献并不显著。李建军（2020）实证分析了普惠金融发展对经济增长和城乡收入差距的影响，发现普惠金融发展能够促进经济增长，且这种促进作用在通信基础设施更差、民营经济更多的地区更为显著，普惠金融能够缓解城乡收入差距，且这种缓解作用在通信基础设施更差或农业 GDP 占比更高的地区更为显著。

（7）对于普惠金融的影响因素，国内外文献集中于将普惠金融作为影响因子 X 变量，研究传统普惠金融的影响机理。现有大致分为三个方面：一是宏观经济层面，探究普惠金融与经济增长之间的动态关系，例如，Beck 等（2009）和孙英杰（2018）等研究发现，储蓄率和经济增长率等宏观指标会对普惠金融发展水平产生影响。二是收入差距层面，国内外对于普惠金融促进收入增长的研究已经比较成熟，Bittencourt（2010）以巴西为样本进行研究，发现提高低收入地区的金融服务水平并扩大其服务范围，有利于改善 20% 的低收入人群的生活现状。三是“互联网 +”层面，近年来这方面研究成为热点，如世界银行（2016）证明，数据可视化、数字技术、互联网发展显著提升了普惠金融的水平。孙英杰、林春（2018）[①] 探讨普惠金融发展的影响因素及其收敛性特征，结果发现，不论是从全国还是分地区来看，经济发展、政府干预和人力资本质量等因素对普惠金融发展存在显著的促进作用，而市场化和信息化等因素却对其存在显著的抑制作用。

通过文献回顾，我们发现，虽然普惠金融正式提出仅仅十余年时

---

① 孙英杰，林春．中国普惠金融发展的影响因素及其收敛性——基于中国省级面板数据检验［J］．广东财经大学学报，2018（2）．

间，但现有普惠金融理论已经较为完善，我国也形成了适合我国国情的普惠金融衡量指标体系，从而能够较为准确反映我国总体和各地市普惠金融的进展情况，并在此基础上实证检验了普惠金融对经济增长的影响及其作用机制。然而，现有成果对普惠金融的研究没有细化到一些具体和关键问题，未对各个金融机构提供普惠金融服务的差异性进行比较研究。

2.1.2 数字普惠金融

数字普惠金融作为一个新的概念和热点，国内外很多学者对其进行了理论研究和实证检验。

（1）数字普惠金融的定义和范围。G20 普惠金融全球合作伙伴（2016）将其定义为一切通过数字金融服务以促进普惠金融的正规金融服务行动，关键点在于负责任、成本可负担、商业可持续，具体内容涵盖各类金融产品和服务（如支付、转账、储蓄、信贷、保险、证券、财务规划和银行对账单服务等），通过数字化或电子化技术进行交易，如电子货币（通过线上或者移动电话发起）、支付卡和常规银行账户。尹应凯、侯蕤（2017）① 认为美国已经形成了相对较完整的数字普惠金融链，并形成了良好的数字普惠金融生态环境，具体包括互联网支付、大数据征信、大数据营销、大数据风控、互联网理财、互联网贷款以及智能投顾等。邱兆祥、向晓建（2018）② 总结出数字普惠金融以下优势：扩大金融服务的覆盖范围、降低金融服务的运营成本以及提高金融服务的可获得性。

（2）数字普惠金融的量化研究受到了学者的普遍关注。北京大

① 尹应凯，侯蕤．数字普惠金融的发展逻辑、国际经验与中国贡献［J］．学术探索，2017（3）：104－111.

② 邱兆祥，向晓建．数字普惠金融发展中所面临的问题及对策研究［J］．金融理论与实践，2018（1）：5－9.

学数字金融研究中心（2016～2018）从互联网金融服务的覆盖广度、使用深度和数字支持服务三个维度，利用一般层次分析法和变异系数法确定了各指标权重，最后利用加权算数平均方法得出全国省市县三级数字普惠金融指数，为我国数字普惠金融的研究提供了数据支撑。葛和平（2018）、邹伟等（2018）从覆盖广度、使用深度和数字服务支持三个维度构建我国数字普惠金融指标体系。蒋庆正等（2019）[①]从电子银行使用广度、使用深度、可持续性三个维度，构建数字普惠金融衡量指标体系，采用 Cov—AHP 层次分析法确定各指标权重，最终得出某一地区数字普惠金融发展水平分值。郭峰等（2020）[②]在此基础上，从数字金融覆盖广度、数字金融使用深度和普惠金融数字化程度 3 个维度，编制了一套覆盖中国 31 个省区市、337 个地级以上城市和约 2800 个县域的"北京大学数字普惠金融指数"，并从不同维度编制了数字金融覆盖广度指数、数字金融使用深度指数和普惠金融数字化程度指数，以及数字金融使用深度指数下属的支付、保险、货币基金、信用、投资、信贷等分类指数，并在此基础上归纳了中国数字普惠金融的发展趋势和空间特征。

（3）学者们进一步探讨数字普惠金融的效应，主要包括总体影响和影响机制两个方面。对于数字普惠金融对经济增长的总体效应，学者采用不同样本、不同方法验证数字普惠金融与经济增长的关系，如葛和平（2018）、郝云平（2019）等。对于数字普惠金融影响经济增长的作用机制，学者形成以下几种观点：一是数字普惠金融通过实现贫困减缓来促进经济增长。龚沁宜（2018）以西部 12 个省区市为样本，证明数字普惠金融对于农村贫困发生率降低存在显著的非线性影响，发现数字普惠金融既可以通过提高金融可得性直接减缓农村贫

---

① 蒋庆正，李红，刘香甜．农村数字普惠金融发展水平测度及影响因素研究［J］．金融经济学研究，2019（6）：123－133．

② 郭峰，王靖一，王芳，孔涛，张勋，程志云．测度中国数字普惠金融发展：指数编制与空间特征［J］．经济学季刊，2020（4）．

困，也可以通过增加经济机会间接减缓农村贫困。二是数字普惠金融通过收入增长和收入分配影响经济增长，宋晓玲（2017）证实了数字普惠金融对城乡收入差距的缩小具有显著的促进作用，可以提升低收入群体福利水平，帮助欠发达地区加速发展；黄倩等（2019）、张勋等（2019）认为数字普惠金融发展提高了家庭收入，改善了居民内部的收入不均等，从而实现包容性增长。三是数字普惠金融通过缓解中小企业的融资约束来影响经济增长。梁榜等（2018）发现，经济发展水平和法律制度环境是制约普惠金融缓解中小企业融资约束的重要因素，较高的经济发展水平和良好的法律制度环境下，发展普惠金融能够显著提高中小微企业融资可得性，缓解融资约束。四是数字普惠金融通过影响居民消费来影响经济增长，易行健、周利（2018）发现数字普惠金融通过缓解流动性约束、便利居民支付两种机制显著促进了居民消费，但也需要提防居民家庭债务的过度和过快增长。

（4）很多学者利用不同实证方法、从不同视角研究数字普惠金融的影响因素。吴金旺等（2018）利用空间面板模型的检验，从内部和外部分析了数字普惠金融的影响因素。从内部来看，数字普惠金融具有明显的空间聚集性；从外部影响因素来看，互联网技术、经济发展水平以及网络消费水平对各省区市数字普惠金融发展水平有正面影响。蒋庆正（2019）研究发现，农村地区数字普惠金融发展与收入水平、城镇化水平、教育水平呈正相关关系，其中，人均收入水平和城镇化水平在各因素中重要性最大，而存款贷款比例、少数民族人口占比与农村数字金融发展水平呈现负相关关系。

综上所述，数字普惠金融自 2016 年提出以来，受到学术界和实务界的广泛关注，但由于时间短，数字普惠金融的研究仍然处于起步阶段，主要存在以下几个问题：一是没有合理区分普惠金融、数字普惠金融、科技金融和互联网金融，四大概念存在很多混淆之处；二是缺乏具体的定量研究和实证检验，尚未形成适合我国国情，特别是地方特色的数字普惠金融衡量指标体系，难以准确地反映我国数字普惠金融的进展情况和发展趋势；三是对于数字普惠金融促进经济增长（包括贫困减缓、收入分配差距、中小企业融资约束等）的内在机制缺乏深入的实证研究，未形成共识。

2.1.3 中小企业融资约束

古今中外，中小企业无不受到资金“瓶颈”的困扰，这一热点问题也引起了学术界的重视。目前，很多学者从多个角度研究融资约束，特别是中小企业融资约束，并提出了不同的见解。

（1）融资约束原因的研究。多数学者将融资约束的根本原因归之为信息不对称，如 Greenwald 等（1984）、Mayers 等（1984）、Fazzad 等（1988）。Kaplan 和 Zingales（1997）将其具体归结为内部原因（包括规模小、资产少、融资结构失衡、内部管理体制不完善、财务报表缺失、信用等级较差等）和外部原因（金融机构和体制不合理）。邓可斌、曾海舰（2014）对中国企业的融资约束进行了成因检验，发现中国企业融资约束很可能源于政府对经济的干预从而融资渠道外生于市场，而非市场竞争中的摩擦引致的流动性约束。①

（2）融资约束治理对策的研究。缓解融资约束才能解决中小企业的资金“瓶颈”，因此治理融资约束应当针对其原因对症下药，学者提出的建议具体包括几类：一是建立多种类型的金融机构、非金融机构和服务机构，提高中小企业服务质量，满足中小企业的金融服务需求，如 Azam 等（2001）、Bofondi 和 Gobbi（2003）、李斌和姜伟（2006）、徐立行和郭靖（2012）、李洁等（2016）；二是加大金融、货币、税收、财政等相关政策的扶持力度，中小企业在市场竞争中受其规模制约难免处于劣势，因此需要国家给予优惠和扶持政策，如 Massimo Massa 和 Lei Zhang（2013）、姚建军等（2015、2016）、钟成

---

① 邓可斌，曾海舰. 中国企业的融资约束：特征现象与成因检验［J］. 经济研究，2014（2）：47－60，140.

林（2016）等；三是建立完善的小微企业信用评价体系和信用担保体系，很多金融机构由于信息不对称，担心信用风险，拒绝向中小企业提供资金，因此可以考虑通过政府提供担保或是企业互相担保的方式提高企业信用等级，如周月书（2010）、白月（2016）、张金清等（2018）等；四是从制约小微企业发展的内部原因入手，不断提高企业融资能力，缓解融资约束，外部条件固然重要，但根本上还要提高企业的抗风险能力，改善经营业绩，如方宇维等（2011）、王满和张巍巍（2016）、吴俊霖（2017）等；五是拓宽小微企业融资渠道，创新融资模式，如发行中小企业私募债、发展三板和四板股权交易市场等，如李文启（2014）、郑子龙等（2015）、钟成林（2016）、梁榜（2018）、李建强（2019）等。

（3）融资约束影响因素的实证检验。罗党论、甄丽明（2008）① 以中国民营上市公司为样本，实证检验了民营企业的政治关系对减轻融资约束的作用，研究发现，有政治关系的民营企业其外部融资时所受的融资约束更少，特别是在金融发展水平低的地区。黄宏斌等（2016）② 基于企业不同生命周期的组织特征、融资需求、融资能力差异，研究企业生命周期、融资方式对融资约束的影响，发现不同生命周期企业融资约束状态不同，利用高涨投资者情绪缓解融资约束的程度及途径均存有差异：成长期企业融资约束程度最大，利用投资者情绪择时融资以缓解融资约束的程度也最强，衰退期企业次之，成熟期企业最小。顾奋玲、解角羊（2018）③ 以沪深 A 股主板上市公司为样本，实证研究了内部控制缺陷和审计师意见对融资约束的影响，发现存在内部控制缺陷的企业与不存在内部控制缺陷的企业相比拥有较

① 罗党论，甄丽明. 民营控制、政治关系与企业融资约束——基于中国民营上市公司的经验证据［J］. 金融研究，2008（12）：164 - 178.

② 黄宏斌，翟淑萍，陈静楠. 企业生命周期、融资方式与融资约束——基于投资者情绪调节效应的研究［J］. 金融研究，2016（7）：96 - 112.

③ 顾奋玲，解角羊. 内部控制缺陷、审计师意见与企业融资约束——基于中国 A 股主板上市公司的经验数据［J］. 会计研究，2018（12）：77 - 84.

高的融资约束，审计师出具非标内部控制审计意见与企业融资约束呈正相关关系。

（4）融资约束作为中介指标对企业发展的影响。近年来的实证研究更多的是将融资约束作为中介指标或传导机制，余明桂、钟慧洁（2017）[①] 利用中国工业企业数据库，以融资约束为中介指标，验证民营化对企业创新的影响，具体以民营化企业为实验组、以国有企业为对照组进行双重差分检验，发现融资约束对民营化企业创新存在抑制作用，特别是在金融发展水平较低的地区。张璇、李子健、李春涛（2019）[②] 以融资约束为中介指标，考察银行业竞争对企业创新的影响及其内在机制，发现竞争的加剧通过缓解企业面临的融资约束，从而提升其创新能力。

2.1.4 数字普惠金融与中小企业融资约束

现有文献在探讨中小企业“融资难”问题时，通常认为金融体系因素（水平或规模、结构）的影响至关重要。金融发展水平的提高增加了外源资金供给量，从而有利于缓解和解决中小企业的融资约束（Beck T. et al.，2008；姚耀军等，2015）；金融结构（尤其是银行业结构）对于中小企业融资约束具有重要影响，中小银行能够更好地适应和满足中小企业的融资需求，因此中小银行占银行业比重的增加能够显著缓解中小企业面临的融资约束（Berger A. N. et al.，2011；刘畅等，2017）。

值得注意的是，普惠金融的发展为破解中小企业“融资难”问题提供了一条切实可行的解决路径，国外研究重点集中在移动互联网

---

① 余明桂，钟慧洁. 分析师关注与企业创新：来自中国资本市场的经验证据［J］. 经济管理，2017（3）：21－33.

② 张璇，李子健，李春涛. 银行业竞争、融资约束与企业创新——中国工业企业的经验证据［J］. 金融研究，2019（10）：98－116.

等新兴技术影响中小企业融资约束的机理上。Shahrokhi（2008）认为，借助互联网技术的融资模式超越了直接融资和间接融资，在缓解中小企业融资约束和提高中小企业融资效率方面具有极大优势。Agarwal 等（2010）认为，以网络融资为特色的融资模式在信用审核上相对宽松，降低了中小企业的融资门槛。国内关于数字普惠金融和中小企业融资约束的研究凤毛麟角。田霖（2013）提出可发展中小微金融机构和互联网金融，创新融资方式，探索桥隧模式、平台模式、金融仓储模式与科技金融模式等，破解中小微企业融资难题。邹伟等（2018）[①] 基于内生金融理论视角进行实证检验，发现在较高的经济发展水平和良好的法律制度环境下，发展普惠金融能够显著提高中小微企业的融资可得性，缓解融资约束。梁榜等（2018、2019）[②] 研究发现，数字普惠金融的覆盖广度、使用深度和数字支持服务程度均能降低中小企业的现金—现金流敏感性，对中小企业的融资约束具有显著的缓解作用。喻平等（2020）[③] 以我国中小企业板上市公司作为研究样本，实证考察数字普惠金融的发展对中小企业融资约束的影响，发现数字普惠金融的发展有助于缓解中小企业融资约束，且这种效应对非国有中小企业和高新技术中小企业更为明显，在制度环境较好的地区更为显著。

总之，对普惠金融经济影响的研究较多，对中小企业融资约束的研究也不少，但将这两大主题联系起来进行研究的很少，对于数字普惠金融和中小企业融资约束的实证研究更是有限，且存在以下问题：一是没有强调数字普惠金融中的“数字化”，这需要结合互联网普及和大数据应用，区分数字普惠金融和普惠金融两大概念，进而考察数

① 邹伟，凌江怀．普惠金融与中小微企业融资约束——来自中国中小微企业的经验证据［J］．财经论丛，2018（6）：34－45.

② 梁榜，张建华．数字普惠金融发展能激励创新吗？——来自中国城市和中小企业的证据［J］．当代经济科学，2019（9）：74－85.

③ 喻平，豆俊霞．数字普惠金融发展缓解了中小企业融资约束吗？［J］．财会月刊，2020（3）：1－7.

字普惠金融对中小企业融资约束的影响；二是没有区分数字普惠金融对中小企业融资约束的差异性，事实上，企业因其所属行业、产权性质、规模、制度环境等的不同，数字普惠金融对现金—现金流敏感性的影响存在很大差异。

2.2 理论基础

本书研究数字普惠金融和中小企业融资约束的关系，因为其理论基础为金融发展理论和中小企业融资理论。

2.2.1 金融发展理论

王曙光（2010）[①] 认为金融发展理论主要研究金融发展（包括金融中介和金融市场）与经济增长的关系，研究如何建立有效的金融体系和金融政策组合以最大限度地促进经济增长，如何利用金融资源以实现经济的可持续发展。金融发展理论博大精深，并适应时代对金融的需求而不断发展和更新，我们仅列举有代表性的几个。

1. 早期金融发展理论的创立

第二次世界大战后，一批新独立的国家在追求本国经济发展的过程中，不同限度地都受到储蓄不足和资金短缺的制约，而金融发展滞后和金融体系运行的低效是抑制经济发展的深层次原因。20 世纪 60 年代末至 70 年代初，一些西方经济学家开始从事金融与经济发展关系方面的研究工作，创立了金融发展理论。

肖和格利分别发表《金融和储蓄机构与储蓄——投资》和《经济发展中的金融方面》两篇论文，标志着金融发展理论的萌芽。他

① 王曙光. 金融发展理论［M］. 北京：中国发展出版社，2010.

们建立了一个模拟金融发展过程的模型，假设金融是从低级、简单的状态逐步发展到高级、复杂的过程，得出“经济发展的阶段越高，金融对经济发展的促进作用就会越强”这一结论，即金融发展是推动经济发展的动力和手段。

雷蒙德·W. 戈德史密斯在《金融结构与金融发展》一书中创造性地提出金融结构理论，他认为金融发展就是金融结构的变化，金融结构优化提高储蓄投资转化率和投资效率，促进经济增长。戈德史密斯采用定性和定量分析相结合的方法，确立了衡量一国金融结构和金融发展水平的基本指标体系，为此后的金融研究提供了重要的方法论参考和分析基础。

1973 年，麦金农和肖分别出版著作《经济发展中的金融深化》和《经济发展中的货币与资本》，标志着金融发展首次形成了一个理论研究框架。他们较为科学地指出了发展中国家金融市场落后并导致经济发展落后的原因。所谓金融抑制就是指政府通过对金融活动和金融体系的过多干预抑制了金融体系的发展，而金融体系的发展滞后又阻碍了经济的发展，从而造成了金融抑制和经济落后的恶性循环。这些手段包括政府所采取的使金融价格发生扭曲的利率、汇率等在内的金融政策和金融工具。金融深化论的实质是金融自由化。“金融抑制”论认为，人为压低存贷款利率和高估本币汇率，由此造成金融市场调解资金供给和需求的能力丧失。低效率使发展中国家陷入金融市场的恶性循环。“金融深化”论认为，为了消除“金融抑制”必须推行金融自由化政策，充分发挥金融市场在动员和分配金融资产价格，金融自由化的核心是放开金融资产价格，尤其是利率与汇率，使金融资产价格真实地反映供求关系，从而恢复金融市场调节资金供求的能力。

后期，麦金农和肖的追随者在此研究框架基础上进行了严格论证，形成了规范的宏观经济理论模型框架，其理论观点仍然是在发展中国家实行金融自由化改革，解除金融抑制。

当然，不能把爱德华肖和麦金农的金融深化理论简单地理解为完全取消政府干预的金融自由化，缺乏政府有效的宏观调节的金融自由化不仅不会带来金融市场的发展，反而会使金融市场陷入混乱。此外，20 世纪 70～80 年代许多发展中国家的金融自由化改革都以失败而告终，这说明金融发展理论还需要进一步更完善的发展，这种理论缺陷为新的金融理论发展提供了必要前提。

2. 20 世纪 90 年代以来的内生增长理论

20 世纪 90 年代，一些经济学家对麦金农和肖学派的金融发展理论不再满足于只是在其分析框架内的修补，他们受到经济内生增长模型的启发，将金融发展理论进一步拓展，形成了内生增长理论。理论模型将金融中介和金融市场直接量化纳入内生增长理论分析模型，很好地解释了金融中介体系和金融市场是如何内生出的，以及如何促进经济增长的。

在格林伍德和万诺维奇的理论模型中，他们认识到金融中介体系和金融市场的发展是一个动态过程，随着一国经济发展和收入水平的变化而变化，并将固定交易成本引入模型分析中。他们认为在一国经济发展初期收入水平低下的情况下，人们由于支付不起进入金融中介机构和金融市场的固定交易费用，因此金融服务不存在供给，而当一国经济发展和收入水平达到一个期限值时，此时才会诞生一大批金融服务需求者，因为进入金融服务体系获得的收益可以弥补进入时的固定成本。随着经济的再度发展和收入水平的提升，对金融服务的需求也增加，于是金融中介和金融市场得到了不断的完善和发展，因此金融中介和金融市场是随经济的增长和收入水平的提高发展起来的。

Hellman，Murdock 和 Stiglitz（1997）在他们的《金融约束：一个新的分析框架》一文中重新审视了金融体系中的放松管制与加强政府干预的问题，确立了通过政府推动金融深化的策略。他们认为，麦金农和肖的金融发展理论的假设前提为瓦尔拉斯均衡的市场条件，在现实中，这种均衡条件难以普遍成立。况且，由于经济中存在信息不对称、代理行为、道德风险等，即使在瓦尔拉斯均衡的市场条件下，资金资源也难以被有效配置。所以政府的适当干预是十分必要的。金融约束的目标是政府通过积极的政策引导为民间部门创造租金机会，尤其是为银行部门创造租金机会，使其有长期经营的动力，以发挥银行掌握企业内部信息的优势，减少由信息问题引起的不利于完全竞争市场形成的一系列问题。

内生金融经济增长理论认为金融自由化政策是有前提条件的，金融体系发展随各国经济发展的水平而呈现动态变化的趋势，因此发展中国家实行完全金融自由化政策是行不通的，对于转型经济体的金融发展要另辟蹊径。由于后期金融危机的爆发，内生金融经济增长理论未能对金融发展转化为金融危机的作用机理进行研究，因此内生金融经济增长理论也有待进一步拓展。

3. 2005 年以来的普惠金融理论

自 21 世纪以来，由小额信贷、微型金融逐渐发展而来的普惠金融成为时代研究的焦点。2005 年，联合国正式提出普惠金融理念，此后又与世界银行、全球普惠金融合作伙伴（GPFI）、普惠金融联盟（AFI）、普惠金融专家组（FIEG）等多个国际组织共同推行，构建国家层面的普惠金融体系。2013 年 11 月，《中共中央关于全面深化改革若干重大问题的决定》中明确提出“发展普惠金融”后，2016 年国务院印发《推行普惠金融发展规划（2016 ~ 2020 年）》，标志着中国普惠金融国家战略顶层设计的初步完成。

星焱（2016）尝试性地提出和界定了“普惠金融论”①，认为普惠金融论是一个研究金融发展与金融福祉的经济理论，属于金融发展理论。具体而言，它是以金融福祉分配的公平合理为原则，对金融发展的演化路径及其“优劣”予以分析和评价的经济理论，并将普惠金融论在经济学体系中定位为发展经济学中金融发展理论的重要

① 星焱. 普惠金融：一个基本理论框架［J］. 国际金融研究，2016（9）：61 - 62.

前沿。

普惠金融论与金融发展理论（金融结构论、金融抑制和金融深化论、内生增长理论、金融约束论等）一脉相承，很多相关经济思想都可以从中探寻。首先，根据金融结构论，落后的金融结构会制约普惠金融的实现，金融机构和金融工具的种类、数量都会停滞于一个很低的水平上，此时，金融体系只是简单地将经济资源汇集至个别行业，而对其他实体部门和民众的金融需求则无暇顾及。其次，金融抑制/金融深化论认为，发展中国家对金融体系过度干预，抑制了有效金融需求和国民经济均衡增长，在此情形下，众多不符合国家意志的部门和群体必然遭到金融排斥，因此，建议实施金融深化来解除金融抑制，依靠市场力量可以自发地满足被排斥者的金融需求。再次，金融约束论建议给予银行部门“特许价值权”，这不但会排斥小微企业等服务客体，而且会排斥中小银行等服务主体，制约直接融资市场的功能，显然不利于普惠金融发展。最后，内生增长理论也给普惠金融带来了重要启示，当某个地区或国家人均收入水平较低时，普通民众无法支付金融部门的服务成本，普惠金融机构就不会内生形成。

2.2.2 中小企业融资理论

中小企业融资理论基本上是较为成熟的企业融资理论的延伸或实证研究，主要解释中小企业融资方式的选择及“融资难”的原因。中小企业融资理论主要包括静态权衡理论、代理理论、融资次序理论、控制权理论、生命周期理论。[①]

1. 静态权衡理论

静态权衡理论由 DeAngelo 和 Masulis（1980）提出。由于企业使用债务资金所支付的利息费用是在缴纳所得税之前的支付，因此债务

---

① 黄东坡. 中小企业融资结构理论述评［J］. 征信，2013（9）：85－88.

有抵税作用。这两位学者认为，随着企业负债水平的不断提高，企业还本付息的压力越来越大，企业的破产风险就会逐步加大，后续债权人为了保障自身资金的安全性，降低所承受的风险，就会提出较高的利息率，进而导致公司的边际利息率逐步上升。所以公司的最佳融资结构取决于新增债务的边际税收减免利益与破产成本增加的权衡。

在此基础上，Ang（1991，1992）将权衡理论用于分析中小企业融资结构，认为中小企业普遍缺乏获取税盾利益动机，因此，为了获取税盾效应而选择利用债务融资的可能性很小。Warner（1997）、Atman（1984）应用权衡理论研究中小企业的破产风险，发现与大企业相比，中小企业的破产风险概率很高，此时债权人为了补偿较高的破产风险就会要求较高的利息率，因此，中小企业使用的债务资金相对较少。

与传统的MM理论相比，静态权衡理论的假设更接近实际，但是在解释中小企业融资时仅仅强调税盾效应和破产风险，有些过于简单化。中小企业之所以借债较少，弱化的有限责任使破产成本至少在局部上依附于企业主个人是其重要原因。企业主为了避免企业破产而影响其个人及家庭的正常生活通常不愿借入较多的债务或利率很高的债务。另外，在实际的借贷活动中，债权人借出资金所考虑的并不是唯一的利率因素。借出款项的亲友不仅考虑利率的高低，还会考虑血缘关系、信任程度等。银行在借出款项时往往要求中小企业提供个人担保或者资产抵押。因此，“规模较小的企业的债务融资水平和股权融资水平在更大程度上取决于企业和其管理者的特质”（Pettit and Singer，1985）。

2. 代理理论

代理理论的创始人是Jense和Meckling（1976），核心内容是委托—代理关系。Jense和Meckling认为企业的最优资本结构是使权益融资的边际代理成本等于债务融资的边际代理成本，从而总代理成本最小。后来，代理理论得到了发展，发展之后的代理理论其主要逻辑结构是：第一，外部融资比重越大，企业的独立性就越小，企业与外部投资者由于信息不对称所产生的代理成本就会越大；第二，企业主对企业控制权越小，企业其他融资方式的成本就越低，即企业要在外部融资和内部融资之间作出选择，这种选择最终将决定企业的最优资本结构。

与大企业不同的是，中小企业（尤其是私营中小企业）主要是独资企业和合伙企业，所有者和管理者往往合二为一，基本上不存在股权代理关系，因此几乎不存在股权代理成本，不存在管理者道德风险和逆向选择问题。但是，与大企业相比，中小企业的债权代理成本和资产替代效应会更高。由于中小企业组织结构不完善，内部监督机构缺失或者形同虚设，中小企业内部监督企业主使用债务资金的机能基本不存在。再加上中小企业财务会计制度不规范，信息披露不全面甚至故意弄虚作假，导致债务资金使用者（中小企业）和资金提供者（中小企业的债权人）之间存在严重的信息不对称问题，中小企业的所有者将公司财产转为私有财产的可能性大大增加。另外，因为信息不对称，外部资金提供者通过监督或约束手段降低代理成本的行为在中小企业受到很大限制。在私营中小企业中，由于缺乏职业经理人对企业主的约束，中小企业选择高风险项目榨取债权人利益的可能性更大，理性的银行应该能对此做出正确的预期，并选择在信贷资金的配给上倾向于大企业而排斥中小企业。

3. 融资次序理论

融资次序理论是 Myers（1984）提出的，该理论认为企业的融资决策应根据融资成本最小化原则依次选择不同的融资方式，即企业融资选择总是先内源融资，后外源融资。在外源融资时，总是先债务融资，后权益融资。Ang（1991）针对中小企业在公开资本市场很难融资的特征，提出了修正的融资次序理论：中小企业首先选择内源融资，然后是所有者资金注入，最后是债务融资，这就是著名的新优序融资理论。

内源融资就是从企业内部筹集资金，如留存收益的提取、折旧的提取等；外源融资就是从企业外部筹集资金，如发行股票、发行债券、从银行借款等。由于内源融资所得的资金来自企业内部，中小企业在筹集资金的过程中就有较大的自主性和随意性。而外源融资因为涉及债权人、股东等企业外部利益主体，融资多少、何时融资，中小企业经营者自身很难轻易地做出决策，因此融资成功的难度相对就增大。中小企业在利用外源融资渠道时，因为信息不对称、经营状况不稳定等原因而导致债权人不愿借出资金或提高利率，以至于中小企业不能承受的情况下，中小企业就会优先考虑权益融资。当然，由于中小企业很难进入公开资本市场筹集权益资金，因此主要是中小企业原有投资者追加投资或吸引原有投资者的亲朋好友等新的投资者进入。随着中小企业资本金的扩大，偿债能力就会逐步加强，中小企业债务融资就会逐渐增多。

4. 控制权理论

中小企业的企业主偏好企业的控制权。Mishra 和 Mcconaughy (1999) 认为企业主的经营能力具有很高的资产专用性，而且企业主在情感上很难去为别人工作。Westhead 等（2001）认为，企业主为了保持企业的独立性以便将企业顺利地传递给下一代，他们非常排斥外部资金，虽然排斥外部资金有时会影响到企业的生存和发展。如果企业引入外部资金尤其是外部股权资金，既可以分散企业主所承担的投资风险，也可以加快企业的发展，促进企业价值的提升，进而增多企业主的财富。但是外部股权资金的引入无疑会分散企业主对该企业的控制权。因此，企业主必须在中小企业稳定增长和快速增长之间进行权衡。

Chittenden（1996）认为，强烈坚持保留企业控制权的企业主通常很少采取增长导向的企业发展目标，这些企业主更偏好于内源融资。这部分企业主即便是利用外部资金，也主要是利用外部短期债务融资（哪怕是利率很高的民间借贷），而基本不采用外部股权融资。虽然外部股权融资能提升企业形象、促进中小企业快速发展，但中小企业的创立者为了保持企业的独立性和家族控制，免受高增长威胁企业的控制权，企业主更愿意放弃高增长来保证对企业的控制权。

5. 企业生命周期理论

企业生命周期理论起源于20世纪50年代，以Greiner（1972）的理论为核心，围绕着诞生、成长、壮大直至死亡这一主线确定企业生命周期的主要阶段。20世纪70年代，Weston和Brigham将生命周期与融资结合，提出了企业生命周期理论，该理论认为中小企业在不同的阶段会根据该阶段的自身特点选择不同的筹资方式以适应企业的发展需求。

随着信息经济学的发展，Berger和Udell（1998）将信息纳入了生命周期理论。他认为，在企业初创期，由于缺乏充分的业务信息和财务审计信息，企业很难获得银行贷款，会更多地依赖内部融资或天使融资；当企业进入成长阶段，随着资产规模和业务量的扩大，可用于抵押的资产增加，信息透明度也有所提高，企业能够获得更多的金融机构外源融资支持；在稳定增长的成熟阶段，企业财务管理规范，具备进入公开市场发行有价证券的信息披露要求，可以从直接融资渠道获得低成本资金，该阶段的间接融资比重会逐步下降，股权融资的比重逐步上升，部分优秀企业成长为大中型企业。

生命周期理论只是对企业融资选择的一般性描述，它并不适用于所有的中小企业，因为企业的规模、成立时间和信息不透明度等并不是完全相关的。总体来看，中小企业在发展初期通常使用内部融资，在内部融资不够且条件允许的情况下才会使用外源融资。即使在初始阶段就有外源融资可供选择，中小企业也会先选择债务融资，再考虑权益融资，而权益融资中又以天使融资或风险投资为先，通过公开市场筹集资金只有当企业发展到一定规模时才具有可行性。

第3章 数字普惠金融和中小企业融资现状

普惠金融近年来在中国得到快速发展，其与数字技术的结合导致数字普惠金融如雨后春笋般快速发展起来，也为中小企业“融资难”和“融资贵”这一古老问题提供了新的解决思路。本章将从互联网支付、网络借贷、数字保险、网络众筹和互联网财富管理等多种形式阐述我国数字普惠金融发展现状及其问题，并分析我国中小企业的融资现状及其遇到的问题。

3.1 我国数字普惠金融的发展现状

3.1.1 数字普惠金融的发展历程

近年来，数字普惠金融已经成为普惠金融领域最瞩目的发展方向。2016 年 G20 框架下普惠金融全球合作伙伴（GPFI）发布的白皮书对数字普惠金融的定义被广泛接受，即一切通过使用数字金融服务以促进普惠金融的行动。

数字普惠金融具有共享、便捷、低成本、低门槛的特点，在金融的商业模式、产品服务、组织架构等方面产生了诸多创新，丰富了金融服务提供主体，延伸了金融服务触角，提高了市场竞争性，对解决普惠金融领域的诸多难题提供了新的思路和方法。随着数字技术、大数据、云计算、人工智能、区块链等技术的发展，数字普惠金融大大拓宽了普惠金融的空间，提高了普惠金融的效率。

1. 全球数字普惠金融的发展

目前，全球范围涌现了很多数字普惠金融的模式和做法，有力推动了全球普惠金融发展。例如，在非洲，移动货币账户发展非常迅速，极大地促进了非洲地区账户拥有率的提高；在印度，政府积极推动建设数字基础设施，如“唯一身份证明”计划为印度居民提供基本账户，通过实施“数字印度项目”推动不同经济领域各项服务实现“去现场化、无纸化和去现金化支付”以及利用在交易过程中生成的数据改进个人和小微企业融资服务。中国的数字普惠金融经验做法在国际领域也走在了前列并产生了较大影响，央行数字货币也在加快开发进程。

综观全球数字普惠金融的发展，可将其划分为五个主要阶段：第一阶段是传统普惠金融阶段，是（数字）普惠金融的萌芽阶段，主要体现为小额信贷和微型金融；第二阶段是信息化阶段，表现为网络金融平台和第三方互联网支付的出现；第三阶段是电子化阶段，表现为众筹融资、互联网支付和新型电子货币的出现和发展；第四阶段是互联网阶段，各种互联网理财和P2P网贷平台如雨后春笋般地涌现；第五阶段是高度融合发展阶段，即2017年至今，普惠金融和数字科技完全融合，金融产品进一步丰富和数字化。具体如表3-1所示。

表3-1　数字普惠金融发展阶段

时间	阶段	案例
1990年之前	传统普惠金融1.0早期萌芽	金融机构：农村邮政储蓄银行、农村信用合作社 现代小额信贷：格莱珉银行（1983）
1990～1999年	数字普惠金融2.0信息化阶段	网络金融平台：Security First Network Bank（1995） 第三方互联网支付：PayPal（1998）
2000～2009年	数字普惠金融3.0电子化阶段	众筹融资：ArtistShare（2003）、IndieGoGo（2008）、Kickstarter（2009） 互联网支付：支付宝（2004）、阿里小贷（2005） P2P网贷：Zopa（2005）、Prosper（2006）、宜信（2006）、Lending Club（2007）M-Pesa（2007）等 新型电子货币：比特币（2009）
2010～2016年	数字普惠金融4.0互联网阶段	印度Paytm（2010） 互联网理财：余额宝（2013）、众安保险（2013）、京东金融（2013）、蚂蚁金服（2014）等 P2P网贷平台：拍拍贷等两千余家（2016）
2017年至今	数字普惠金融5.0高度融合发展阶段	互联网支付：银联“云闪付”（2017） 互联网金融服务：中国建设银行“惠懂你”一站式金融平台（2019）、中国银行中银税贷通（2019） 能力建设：智融集团“I.C.E.人工智能风控引擎”（2018）、微众银行云计算的分布式架构（2019） 金融工具：央行数字货币（DC/EP）试点（2020）

资料来源：《数字普惠金融新时代》、中国金融新闻网、往年数字普惠金融报告。

2. 中国数字普惠金融的发展

近年来，随着我国移动互联网、人工智能、云计算等科学技术的爆炸式生长，数字普惠金融应运而生并快速发展。2016 年 9 月，G20 峰会发布的《G20 数字普惠金融高级原则》，成为全球数字普惠金融发展的指引性文件。我国作为此次峰会的主席国，在会议上提出，中国已经进入了数字普惠金融的初级发展阶段，并取得了一定的发展成果。2017 年 7 月，习近平在全国金融工作会议上明确了我国普惠金融的数字化发展方向。2019 年 3 月 22 日，由中国通信学会、金融科技创新联盟、中国金融信息网联合主办的“2019 中国数字普惠金融大会”在北京成功召开，会议倡议发起成立中国通信学会金融科技委员会，以加快现代科技与金融服务业的融合创新，推动我国数字普惠金融的发展。2019 年 12 月新冠肺炎疫情暴发以来，数字普惠金融更是成为我国金融改革的重中之重，成为金融领域服务实体经济的主要途径，在减缓贫困、减小收入分配差距、发展“三农”、缓解中小企业“融资难”等方面发挥了积极作用。

根据表 3－1 中全球数字普惠金融的五大发展阶段，目前我国数字普惠金融属于第五阶段，即高度融合发展阶段，一个完整的数字普惠金融体系正在逐步建立并不断完善中。根据北京大学数字金融研究中心的测算，2018 年省级数字普惠金融指数的中位值是 2011 年的 8.9 倍，指数值平均每年增长 36.4%。根据中国人民银行和中国银保监会联合发布的《2019 年中国普惠金融发展报告》，截至 2019 年 6 月，我国人均拥有 7.6 个银行账户、持有 5.7 张银行卡，每 10 万人拥有 ATM 机 79 台、POS 机 2356 台；全国使用电子支付的成年人比例达 82.39%；2019 年银行业金融机构离柜率总体超过 85%。

3.1.2 数字普惠金融的形式

随着数字技术的发展，互联网和普惠金融的结合越来越密切，我国数字普惠金融发展也呈现复杂多样化的特征，包括网络信贷、微金融服务与能力建设等。本书拟从互联网支付、网络借贷、数字保险、网络众筹和互联网财富管理等方面阐述我国数字普惠金融发展现状及其问题。

3.1.2.1 互联网支付

1. 发展现状

互联网支付，通常是指独立于传统的银行支付体系，基于网络提供线上（互联网）和线下（电话、手机、独立支付实体）支付渠道，完成从用户到商户的在线货币支付、资金清算、查询统计等一系列过程的一种支付交易方式。

1999年，北京推出的“首信易”支付平台，标志着中国网络第三方支付业务的起步。2004年，支付宝首推信用中介模式的担保交易，解决了网商交易的信任问题，自此，互联网支付日新月异地发展起来。2012年，微信支付与支付宝钱包开创了移动支付。现在，以支付宝和微信支付为代表的第三方网络支付，已经完全打破了传统支付结算模式的垄断。截至2018年末，中国网民规模达到8.29亿，相比2013年大幅提升34.2%。平均互联网普及率达到59.6%，其中城镇互联网普及率74.6%，农村互联网普及率38.4%，相比2013年分别增长14.3个百分点和10.3个百分点。可见，我国总体互联网普及率近年来大幅提升，为互联网支付发展提供较为良好的环境。

互联网支付的普惠优势具体体现在三个方面：一是交易速度快，即时支付；二是规模效应明显；三是成本很低。这些优势让网络支付不仅促成了网上贸易，还变成了渗透到百姓日常生活的支付工具。

互联网支付的技术不断更新和发展，使支付速度不断加快。2010年数字技术可以支持每秒300笔支付，2015年已经提高到每秒8.59万笔。现在，即使是偏远地区的居民也可以足不出户就享受到便捷、丰富、高效的金融服务。北京大学数字普惠金融指数表明，2011年，分省互联网支付的覆盖广度指数的最大、最小值之间相差 50 多倍，2015 年已经缩小到 1.9 倍。

互联网支付的成本不断降低。由于规模效益的存在，再加上人力、物力成本的降低，目前支付宝单笔支付的成本不足 2 分钱，远低于传统金融部门，打破了传统金融部门的“二八定律”。据互联网统计分析显示信息，支付宝在 2018 第一季度的用户数量仅为 8.7 亿，而来到 2020 年第一季度则发展到了 10 亿，这些都已经远远超过了传统商业银行的个人客户数。2015 年第三方网络支付实现业务 821.5 亿笔，金额 49.5 万亿元，分别比上年增长 119.5% 和 100.2% 。

而且，网络支付对普惠金融的贡献甚至已经远远超越了支付领域。一些支付平台已经可以提供消费、理财、生活和资金等全方位的服务，用户还可以很轻松地将装有支付宝或是微信 App 的智能手机变成一个全能钱包。截至 2020 年 6 月底，中国每 10 个支付宝客户就会有 8 个应用了蚂蚁金融最少三种服务项目，包含付款、资产管理、小微信贷、商业保险和信用服务。网络支付也开始倒逼传统金融部门创新，中国银联和各商业银行正在积极运用 NFC 和二维码等各种更先进的数字技术，提高支付便捷程度。很多银行已经宣布对手机银行转账免除手续费，另外，在余额宝出现之后，银行业纷纷推出了一系列的手机理财产品。

近年来，我国网络支付交易规模显著增长，非银行支付结构网络支付业务量如图 3 - 1 所示。根据央行数据，2015 年网络支付市场规模仅为 49.48 万亿元，而 2018 年的规模则突破 200 万亿元大关，年均复合增长率高达 153% 。

网络支付的蓬勃发展不仅普及了无现金支付，更让广大长尾用户享受到基础金融服务，提升了数字普惠金融可得性。一是网络支付扩大了金融服务的覆盖面，弥补了部分传统金融服务的空白，为金融服务覆盖不足人群获取正规金融服务提供了有效捷径，使偏远地区人口及农民能够足不出户就享受到转账、汇款、代理缴费等常规金融服

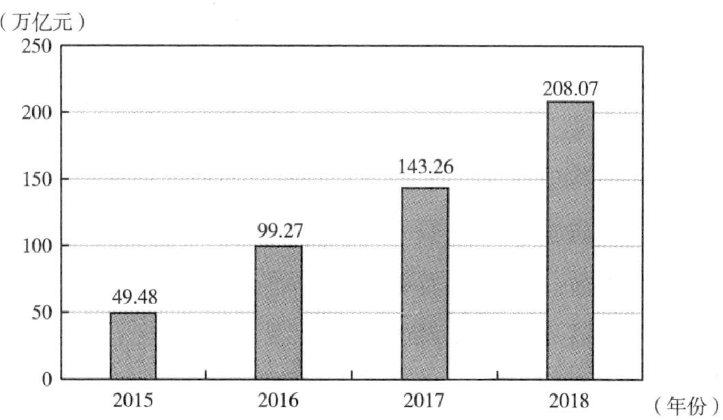

图3-1 非银行支付机构网络支付业务金融

务，解决了普惠金融“最后一公里”问题。根据人民银行和银保监会发布的《2019年中国普惠金融报告》，2019年上半年，我国农村地区发生网银支付业务63.54亿笔，金融达74.27万亿元，农村地区电子支付进一步推广。二是网络支付促进数字普惠金融多样化发展。随着网络支付尤其是C端用户市场的日渐饱和，网络支付机构的竞争已经从单纯的市场规模征战转变为商业模式、服务模式的竞争。

2. 存在的风险问题

在网络支付业务中同样也已经出现了一些风险因素。

首先，数据安全和个人信息保护存在隐患，消费者、投资者信息被泄露的现象相当普遍，而且诈骗事件频发。个人信息的泄露有两种：一种是由于个别网站系统被攻破，导致系统存放的个人敏感信息泄露，给相关的消费者造成资金损失；另一种是由于用户的疏忽或者被欺骗，导致用户的账户、密码或者手机验证码等信息被他人非法获得。

其次，被钓鱼或者被植入木马，导致信息泄露、支付数据篡改等问题。不法分子通过假网站、假电子商务支付页面等“网络钓鱼”形式，利用客户安全意识薄弱，通过假的支付页面窃取客户网上银行信息。例如，不法分子先建立一个假的电子商务网站，然后在购物网站发布虚假的商品信息，该信息中的商品价格往往比市场同类商品便宜很多，当客户对该网站销售的便宜商品动心，并通过该网站购物进行支付时，就会链接到一个假的银行支付页面，客户在假支付页面输入的卡号、密码等信息就会被不法分子获取。通过木马窃取也是一种常见的风险。不法分子通过木马程序等网络技术手段窃取客户的文件证书或盗取网上银行账号和密码。例如，犯罪分子会把木马软件捆绑在小游戏、实用软件上，发布到网上供人下载，某些客户将这个带有木马的软件包下载安装后，中了木马病毒，就成了黑客的“猎物”，在登录网银时，客户通过计算机键盘输入账号和密码，此时木马程序已经获取了键盘记录，客户的个人网上银行的账户和密码被盗取，并自动通过邮件发送到犯罪分子邮箱。由于被钓鱼或是植入木马，攻击者可以通过修改互联网传输中的支付数据，如修改付款银行卡号、修改支付金额、修改收款人账号等，达到牟利目的并制造互联网支付事件，给客户带来经济损失。

再次，网络支付的规模效应可能导致“大而不能倒”的问题。金融体系中往往存在这种不成文的规定，如果大型金融机构倒闭，可能导致多米诺骨牌效应，从而引发金融危机。目前，支付宝、财付通、银商和快钱四家支付平台已经占据网络支付市场 87.3% 的份额，这些机构一旦出现问题，很容易导致系统性的风险。

最后，货币政策调节的有效性可能被打折扣，很多第三方支付平台同时兼具保存、代收和代付资金的功能，作为投资工具的资产和作为支付手段的货币之间可以迅速转换，互联网支付削弱了货币供给的可控性。

3. 加强互联网支付的管理

为了提高互联网支付的安全，国家主要从以下两个方面加强了管理。

一是支付行业严监管。2016 年 4 月，国务院办公厅发布《国务院办公厅关于印发互联网金融风险专项整治工作实施方案的通知》，

10月，国务院和央行联合发布《非银行支付机构风险专项整治工作实施方案》，拉开了支付严监管的序幕。2018年，央行发布《关于支付机构客户备付金全部集中交存有关事宜的通知》，实行备付金集中管理和“断直连”。中国人民银行副行长范一飞也多次公开强调：“支付领域的严监管是一以贯之的，防范和化解风险是常态化的。”支付机构收到的大额罚单明显增多，支付行业整合节奏加快，例如，2018年5月，智付支付收到了央行累计4200万元的罚单；同年8月，国付宝又收到了合计4646万元的罚单；2019年7月，环迅支付收到合计5939万元的罚单。

二是网络支付安全工具层出不穷，有效降低了网络支付风险。越来越多的网络支付安全工具不断涌现，相当于给客户账户或者资金上了一道安全锁。目前，市场上主流的网络支付工具主要有以下几类：一是数字证书，电脑或手机上安装数字证书后，即使账户支付密码被盗，也需要在已经安装了数字证书的机器上才能支付，保障资金安全；二是短信验证码，短信验证码是用户在支付时，银行或第三方支付通过客户绑定的手机，下发短信给客户的一次性随机动态密码，需要在较短时间内输入才有效；三是动态口令，无须与电脑连接的支付安全工具，采用定时变换的一次性随机密码与客户设置的密码相结合；四是UsbKey，这是一种连接在电脑USB接口上使用的一种支付安全工具，支付时需要插入电脑，才能进行支付。

3.1.2.2　网络信贷

1. 发展现状

根据我国2016年8月出台的《网络借贷信息中介机构业务活动管理暂行办法》，网络贷款指的是个体和个体之间通过互联网平台实现的直接借贷，其中，个体包含自然人、法人及其他组织。虽然网络贷款通常主要是指P2P网络贷款（Peer to Peer Online Lending)。但从广义上来看，网络贷款应该包括所有基于网络平台完成的借贷交易，因此还应该包含网上银行贷款、手机银行贷款和电商贷款。

自互联网技术普及以来，"互联网 + 金融"的模式也得到了迅速发展。从 1995 年全球第一家网络银行 Security First Network Bank 成立算起，至今网络借贷已经发展了二十多年。2007 年苹果 iPhone 手机的出现引爆了智能手机的发展，2008 年全球智能手机销售量仅占全球手机销量的 11.4%，到 2013 年，这一数字已达 53.56%，2019 年则达到了 92%，仅在一些农村地区还有部分老人购买非智能手机。智能手机的普及则推动了手机银行的出现。互联网技术的普及，一方面使个体通过网络（P2P 网络贷款）实现借贷业务成为可能；另一方面，也为电商平台拓展金融业务、推广电商贷款提供了发展空间。

小额信贷与微型金融服务推动了普惠金融的最早期发展，其中对于中小微企业、个人、农户来讲，信贷需求也是首先展现且最为旺盛的需求，且国际上普惠金融的发展也是从小额信贷开始的。而在当前大数据背景下，网络信贷作为互联网金融交易平台中更方便、快捷的方式，进一步推动了金融创新。中小微企业和个人获得金融服务难、获得金融服务贵，是发展普惠金融需要解决的主要难题。利用社交网络、云计算、大数据等技术手段，网络贷款可以大幅缓解信息不对称问题，减少逆向选择和道德风险的发生，使服务传统金融难以触达的中小企业和个人成为可能；同时，互联网交易平台上的借贷行为可以比传统金融更为方便、快捷，这使降低交易费用成为可能。因此，网络借贷具有一定程度的普惠性，为国内普遍存在的"融资难、融资贵"的问题提供了新的解决方案。

作为信息中介，网络借贷通过为中小企业群体提供金融借贷服务，有效补充了传统融资模式的空白，对数字普惠金融的推进与发展发挥了积极作用。一是拓展中小微企业融资渠道。通过数字化技术构建多机构间数据连接，对多样化的、实时的、有价值的数据进行采集、整理、分析和挖掘，在短时间内完成对中小微企业及企业主个人信用的评估，有效解决中小微企业信用信息不健全、信贷风险高的问题，帮助其获得融资支持。同时，多层次、多形态的互联网融资模式与融资平台极大地丰富了中小微企业的融资选择，提升了融资可得性。二是提升中小微企业融资效率和服务质量。数字化技术有效加快了信息交互式流动，突破了时间、地域的限制，简化了融资流程，缩短了融资时间，有效解决中小微企业“量小”与“频急”的资金需求。同时，数字化技术为精准化、个性化和多样化的中小微企业融资服务提供了技术支持，通过构建客户行为评估模型，运用大数据实现对客户的精准画像和分层，从而推出针对不同目标客群的产品。浙江网商银行独创了“310”贷款模式，即“3 分钟在线申请、1 秒钟审核放款、0 人工干预”，这种模式已经复制到 50 家金融机构。截至 2018 年，网商银行已经联合 400 多家金融机构为超过 1700 万小微经营者提供了 3 万亿元贷款。三是降低中小微企业融资成本。一方面互联网借贷平台“井喷式”的增长，促进了信贷服务定价逐渐趋向透明、合理。截至 2018 年底，我国有 1609 家正常运营的网贷平台。根据银保监会公布的数据，2019 年前 5 个月新发放普惠型中小微企业贷款平均利率 6.89%，较 2018 年一季度平均水平下降 0.92 个百分点。另一方面，数字化技术的应用简化了传统的金融机构业务流程，以往需要牵涉几个部门协同监督和运作的业务可以被标准化和优化为“一站式”、全方位的贷款流程，从而解决了业务流程烦琐、处理成本高的问题。

2. 存在的风险问题

随着大数据日益被运用到企业经营管理的日常活动中，网络借贷的新型模式为促进普惠金融带来了广阔空间，但也带来了新的挑战。例如，近年来利用个人隐私诈骗的案件迅速增加，造成了极坏的社会影响。因此，如果网络借贷的信息安全问题没有引起足够关注，未来网络借贷也可能成为诈骗犯罪的对象。首先，信息技术安全问题。由于网贷平台非常依赖IT技术，因此平台的稳定性、安全性是网贷平台面临的最大的挑战。相较于每年动辄上亿元维护费的银行业务系统，大量网贷平台是由第三方中小软件公司开发的，成本在20万元左右，这样的平台具有相当大的隐患，客户的个人信息、银行卡信息和资金安全都难以得到保证。随着网贷行业的不断发展，今后应该会出现一些专业的第三方机构专门负责开发网贷平台的数字技术，保障平台的安全性、稳定性。其次，网络借贷滋生了很多犯罪空间。由于网络交易的虚拟性，导致无法认证借贷双方的资信状况，容易产生欺诈和欠款不还的违约纠纷，而且在网络平台发布的大量放贷人信息中，有不少是以“贷款公司”“融资公司”等名义对外发放贷款，常常会因为“非法集资”“非法吸引公众存款”等理由，扰乱金融管理秩序而被追究法律责任，因此，网络借贷中经常出现“坏账”，有的甚至涉嫌经济诈骗，沦为“非法集资”的工具。

另外，对于P2P网贷平台之外的网络借贷模式，在发展之初就可以借鉴P2P网贷平台的一些经验教训。例如，P2P网贷平台层出不穷的“跑路”现象，与网贷信息披露不足、监管缺失密不可分。因此，国家近年加强了对P2P网贷平台的治理。2017年11月，互联网金融风险专项工作领导小组办公室发布《关于立即暂停批设网络小贷公司的通知》，2019年9月，发布《关于加强P2P网贷领域征信体系建设的通知》，一场声势浩大的网贷严监管拉开了帷幕。数据显示，2018年初，全国实际在运营网贷平台大致为1644家。自2018年6月开始，实际在运营网贷平台数量、借贷规模及参与人数开始持续下降，当年年底降至约1040家。到2019年底进一步降至248家。2020年8月末，全国在运营网贷机构为15家，比2019年初下降99%，借贷余额下降了84%，出借人下降了88%，借款人下降了73%，网贷机构数量、参与人数、借贷规模已连续26个月下降，网络借贷领域风险持续收敛。

3.1.2.3　数字保险

1. 发展现状

数字保险是指保险公司或第三方保险机构以互联网或大数据技术为工具来支持保险销售的经营管理活动行为。数字技术给保险业带来了巨大的变化。与传统保险相比，数字保险对普惠金融具有更强的发展支持能力。利用互联网的长尾效应，消费市场增量险种被不断创新。依据渠道反馈和大数据分析，实现了保险普惠产品的精准设计、生产与营销。包括直销、代理和第三方平台等渠道环节，实现了网络化、碎片化和场景化。另外，数字保险的可得性极大地拓展了普惠金融的覆盖广度和使用深度。因此，数字技术引导保险业普惠发展是对传统保险的革命性创新。

2000 年 8 月，太平洋保险和平安保险同时开通了自己的全国性网站，可以在网上实现从保单设计、投保、核保、交费到后续服务全过程的数字化，这是我国对数字保险的初次实践。2011 年 9 月，原保监会发布相关办法，明确规定从事互联网保险业务的准入门槛、基本经营规则、充分信息披露机制等，这标志着互联网保险开始走向专业化及规范化。数字保险具有标准化、低价格、社交性、私人订制等特点，体现了传统保险和互联网技术的密切融合，因此迎来了快速发展。2011 年以来数字保险行业增长经历了三个阶段：2012～2015 年成倍增长到逐步放缓，远超行业增速；2016～2017 年急速下降至负增长；2018 年至今，增长恢复到快速增长的水平。

由图 3－2 可以看出，2011～2019 年，数字保险保费收入总计 12201.2 亿元。其中，2011 年，数字保险保费收入仅为 17.7 亿元；2019 年，增长到 2696 亿元，同比增长 42.8%，远高出保险市场同期增长率近 10 个百分点。不到 10 年时间，数字保险保费收入翻了 150 倍有余。虽然自 2016 年以来，由于商车费改与监管趋严等原因导致互联网保费收入增速放缓，但从长远看，这种体制机制的完善与市场

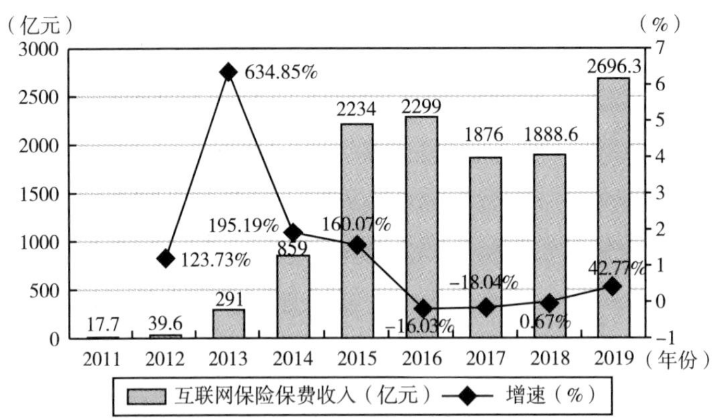

图 3-2　2011～2019 年中国互联网保险发展规模

资料来源：由中国保险行业协会、华经产业研究院整理并绘制。

出清有利于互联网保险行业的健康持续发展。

从总体上看，互联网保险对于提高经营效率、促进保险市场多元化发展、促进保险行业改革创新、实现可持续发展具有重要意义。一是降低保险经营机构的成本、提高经营效率。互联网保险利用大数据等数字科技，简化投保、理赔等业务流程，降低保险公司的人力和物力成本，而成本的降低不仅能够增加互联网保险经营主体的利润，同时还促进了各保险产品保险费率的降低，进而让消费者受益，从而实现了保险产品能够普惠消费者的目标。二是丰富保险经营机构的获客渠道。互联网保险将传统保险的销售业务从线下转移到线上，使客户能够直接通过电脑和移动终端设备购买保险产品、获得保险服务，也使保险行业的信息不对称问题得到缓解。通过大数据技术，互联网平台能够及时了解客户的潜在需求，进而进行精准营销和差异化定价，从而改变了保险业务需要进行大量线下递推工作的传统，且有效客户转化率低的局面。三是推动保险产品结构的优化升级。互联网保险的出现使保险产品的多样性和产品设计的合理性大大提高，参与互联网保险产品设计的企业不再仅仅局限于传统意义上的保险公司，而是延伸拓展至新型的互联网保险经营机构，经营主体的增加也同时丰富了互联网保险的种类。互联网保险公司会根据不同的应用场景，设计多样独特险种，这些嵌入场景中的互联网保险产品普遍具有简单、价格低廉、个性化强、投保方便、理赔快捷等特点，利用抓取场景的优势将保险服务深入日常生活的各个方面，越来越成为保险经营机构切入长尾市场的重要抓手和突破口。例如，众安保险与阿里巴巴合作在淘宝和天猫平台上推出的“退货运费险”，保障了客户有关退货的风险，从而鼓励了客户消费。此外，“退货运费险”还根据当前消费动态与趋势，推出手机碎屏险、宠物伤害险、无人机第三者责任险、骑行共享单车意外险等。这些遍布小额、海量、高频和碎片化的小微险种产品，不仅极大地降低了保险门槛，也在很大程度上补充了传统保险行业在细分领域的空白，满足了大众多样化、个性化的数字保险需求。

2. 存在的风险及问题

伴随数字保险规模的快速扩张，数字保险产品一些突出的问题也不断涌现。

数字保险产品面临一些突出的问题，包括产品同质化、产品和服务信息披露不充分、信息安全风险加大、线上和线下资源整合能力不足、售后服务不到位等。另外，该行业还存在一些深层次的特征，值得引起注意，如传统保险企业将保险产品放在官网上直销，但有些环节很难完全放在线上，其效果究竟如何尚待观察。此外，侵害消费者合法权益的问题也屡有发生，销售误导、强制搭售甚至代理退保等骗局时有发生，使数字保险成为消费者投诉的重灾区。数据显示，2019年接到互联网保险消费投诉共 1.99 万件，同比增长 88.59%，是 2016 年投诉量的 7 倍。

“平台建设 + 渠道拓展 + 客户资源 + 大数据/精准营销”将成为数字保险创新的主要着力点。监管部门也需要加强对数字保险的监管，规范保险公司与代理机构的行为，切实保护消费者利益，尤其是现在仍存在“买保险容易、理赔难”的现象。从行业发展的角度看，未来的着力点可能在以下三个方面：一是继续加大第三方数字保险机构的作用；二是密切关注数字保险新的竞争门槛，即场景嵌入；三是增强消费者对数字保险产品的信任。

在数字保险发展驶入快车道的今天，政府也加强了对其的监督和管理。2019 年 12 月，由银保监会中介监管部牵头起草的《互联网保险业务监管办法（征求意见稿）》已开始向业内征求意见，预计 2020 年底将正式实施。2020 年 6 月，银保监会发布《关于规范互联网保险销售行为可回溯管理的通知》，进一步规范互联网保险销售行为，再次明确非保险机构不得设置销售页面，力争有效遏制销售误导。

3.1.2.4 网络众筹

1. 发展现状

数字网络众筹作为互联网时代新兴的融资模式，与天使投资、风险投资等融资途径并不相同，对推进普惠金融的发展具有重要的意义。众筹（crowd funding），即大众筹资或群众筹资，具有低门槛、多样性、依靠大众力量、注重创意等特征。数字网络众筹融资模式，是基于数字科技，通过互联网渠道向大众募集创业企业早期发展所需资金的一种行为，该模式最早起源于 2009 年在美国成立的 Kick - starter。数字网络众筹模式凭借其传播性、互动性、高效性优势，拓宽了普惠金融的融资渠道，为普惠金融融资开辟了新的路径。网络众筹模式主体包括三方：发起人、投资人、平台运营方。

在我国，第一家数字网络众筹平台是 2011 年 7 月成立的点名时间，在随后的几年里，一系列众筹平台——天使汇、淘梦网、淘宝众筹、京东众筹、苏宁众筹等——开始上线运营。我国网络众筹行业的发展经历了三个阶段：萌芽起步阶段（2011 ~ 2013 年），由点名时间拉开帷幕；爆发增长阶段（2014 ~ 2015 年），网络众筹平台数量快速增长，互联网巨头和电商纷纷建立网络众筹平台，2015 年底，在运营中的网络众筹平台数量达到顶峰，共有 532 家；行业洗牌阶段（2016 年至今），随着国家监管趋严，全国正常运营的网络众筹平台骤减，截至 2019 年 6 月底，在运营中的网络众筹平台仅有 105 家。

目前，我国的数字网络众筹形式主要包括股权众筹、奖励众筹、公益众筹等。具体地讲，股权众筹的法律地位并不明确，但在我国的融资缺口最大；奖励众筹基本针对的是项目筹资，实际融资情况多能满足市场需求；而公益众筹在我国的发展受到很大限制。根据《2019 互联网众筹行业现状与发展趋势报告》，经过对互联网等公开渠道的不完全统计信息整理，截至 2019 年 6 月底，在运营中的众筹平台仅有 105 家。尽管互联网众筹平台数量骤减，但众筹成功项目及融资额都呈上升趋势。2018 年上半年，共获取项目 48935 个，成功项目数为 40274 个，成功项目融资额达到 137.11 亿元，与 2017 年同期成功项目融资总额 110.16 亿元相比增长了 24.46%，成功项目支持人次约为 1618.06 万人次。

图 3-3 显示了我国众筹平台的上线情况，由此可见，2011～2016 年是众筹平台最火爆的时期，而在 2017 年以后，由于相关部门加强了监管，上线平台数量有所下降。

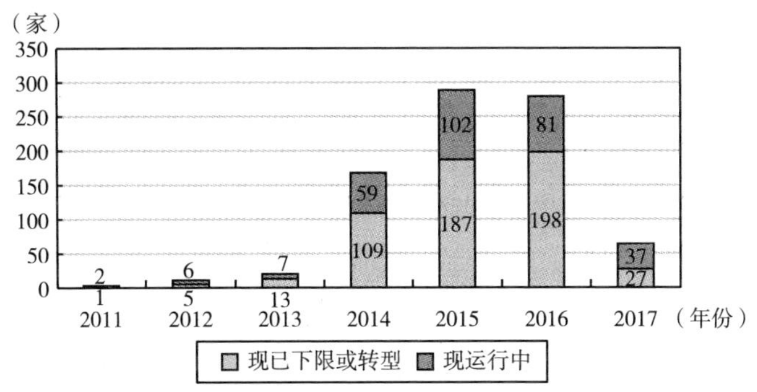

图 3-3　2011～2017 年众筹平台的上线数量

2. 存在的风险及问题

在中国，网络众筹的发展主要面临以下问题。

首先，投资者数量及平台数量的锐减问题。如图 3-3 所示，从投资者数量和平台数量来看，截至 2017 年 12 月底，全国众筹项目投资者人数达到 2639.55 万，同比下降约 52%。其中，回报众筹投资者人数达 2636 万，同比下降约 52%，互联网非公开股权融资投资者人数达 3.55 万，同比下降约 39%。单从平台数量上看，截至 2017 年 12 月底，共有 280 家众筹平台，比 2016 年同期减少约 33%，与 2015 年基本持平。其中，全国互联网非公开股权融资平台（股权众筹平台）共计 76 家，与 2016 年同期相比，减少了 42 家，同比下降了 36%。且据不完全统计，2017 年全国仅新增了 25 家新的众筹平台，比 2016 年同比下降约 83%；倒闭平台 180 家，同比 2016 年下降约 13%；有 20 家转型或下架平台，比 2016 年下降约 78%。可见 2017 年众筹平台的发展趋势并不好，新增平台少，投资者数量也在下降。

其次，大众对平台的认可度下降。从平台上线时间来看，如图 3-3 所示，2017 年一共上线 64 家，目前仍有 27 家运营，大量众筹平台下线或转型，同时新增平台数量也较少，与 2016 年相比，2017 年呈下降趋势，由于大众认可率降低，有许多平台被淘汰，众筹行业进行了一场优胜劣汰、适者生存的洗牌。报告显示，2016 年众筹平台数量达到顶峰，主要有两个方面的原因：一方面，2015 年高峰期巨头涌入的态势在 2016 年获得了延续，互联网巨头的众筹业务已经成为标配；另一方面，汽车行业在众筹平台的强势爆发。然而，随着行业的洗牌和一些参与者的转型或退出，导致 2017 年众筹平台的数量逐渐下降，在金融监管的大趋势下，行业发展逐渐步入规范发展阶段。

最后，尽管国家加强了监管，但网络众筹仍然暴露出诚信失范、审核流程不严谨等问题。随着互联网的迅猛发展，网络募捐异军突起，成为民间公益慈善新的阵营。然而，网络众筹骗捐等负面新闻不断，引起了爱心人士的广泛质疑。网络众筹平台作为民间公益和慈善事业的一种有益探索和补充，需要政府以包容的心态给予一定的发展空间，同时从立法、行政等多个角度，加强对网络众筹平台的规范，使之趋利避害，真正为民行善。2014年12月，中国证券业协会出台的《私募股权众筹融资管理办法（征求意见稿）》，标志着中国众筹迎来了规范化的监管。以轻松筹为例，该平台在捐款时会提示捐助者："该项目信息不属于慈善公开募捐信息，真实性由信息发布个人负责，轻松筹提示您了解项目后再帮助Ta。"轻松筹联合创始人兼总裁于亮曾公开表示，众筹平台目前只能加大患者提供材料的审核力度，如派出志愿者去医院实地核实相关信息，但也不能完全保证募捐信息的真实和准确。为此，2017年7月，民政部出台《慈善组织互联网公开募捐信息平台基本管理规范》，对网络众筹的信息审核、捐赠资金使用等进行了限制。

整体来看，在行业洗牌期间，大量平台遭到淘汰，一些好的优质平台将发挥作用，帮助更多有创新的项目。因此，虽然众筹平台的数量有所减少，但整体的融资额并未大幅下降。需要注意的是，舆论环境的影响将会导致投资者对众筹的参与度降低，这也会直接影响众筹的投资者数量，所以目前来看，众筹行业所留下的人群也是众筹投资的核心人群。放眼未来，数字网络众筹依然有几个关键性难题亟须破解：股权众筹的合法性尚不明确、平台融资的资金链运作和款项的后期管理难度大、融资项目的审核不够规范、领投"陷阱"、奖励众筹市场到处充斥着山寨抄袭产品等。

3.1.2.5 互联网财富管理

1. 发展现状

互联网财富管理是以投资者为中心，对客户的资产、负债、流动性进行管理，以满足不同阶段的财务需求，并帮助达到降低风险、实现财富增值的目的。随着经济的发展，互联网财富管理快速发展，我国个人可投资总额从2008年的0.04万亿元迅猛增长到2015年的1.29万亿元，但目前专业理财从业人员不足50万人，很难满足市场需求。而“互联网+”和数字化趋势的出现，为互联网财富管理行业的崛起提供了恰当的发展时机，数据显示，2018年我国互联网财富管理市场规模达5.8675亿元，同比增长15.1%。

图3-4反映了我国互联网理财产品网民规模的增长情况。根据中国互联网络信息中心的统计数据，2014~2018年，互联网理财产品网民规模实现了翻倍增长，且每年保持10%以上的增长率。截至2018年12月，我国购买互联网理财产品的网民规模达到1.51亿，同比增长18.3%。腾讯金融科技联合国家金融与发展实验室发布的《互联网理财报告》显示，互联网理财指数由2013年的100点增长到2017年的695点，4年时间内增长了近6倍，互联网理财规模也由2013年的0.22万亿元增长到3.15万亿元，预计到2020年底中国互联网理财规模将达到15.5万亿元。

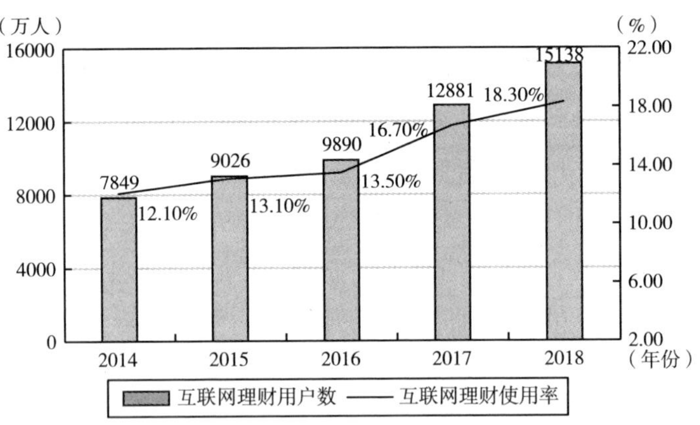

图3-4　2014~2018年互联网理财产品网民规模

互联网财富管理领域前沿面主要参与者第一类是互联网大型电商。第二类主要参与者是传统金融机构（如银行、证券、保险等）O2O模式转型和探索。近年来，各类传统金融机构一方面通过推出各类现金“宝”等产品来试水互联网财富管理领域；另一方面通过发布直销银行、金融商城（超市）、参股P2P平台等方式正式进军互联网财富管理行业。第三类主要参与者是业务升级和转型的互联网金融平台。第四类主要参与者为非金融实业企业所新设立的互联网财富管理平台，此类机构特点是有巨大的线下客户群体及优质客户数据资源、丰富的应用场景、充足的资产端供给和供应链融资需求。

虽然相比传统金融理财产品，互联网理财平台“创新产品”的金融本质并没有发生实质性的改变，但是网络平台技术的介入使金融理财产品颠覆了原有的销售渠道与方式，提高了获客效率，降低了服务成本与理财门槛，让更多长尾用户享受到金融理财服务，很多互联网理财产品的单笔购买金额不超百元，提升了用户的理财意愿，扩大了理财金融服务的覆盖人群。同时相比传统基金购买渠道少、手续烦琐等特点，互联网理财注册和购买流程简单，互联网理财界面简洁、操作方便，提高了专业理财产品的易用性，增强了大众尝试与使用的意愿。另外，通过降低了金融服务提供成本，提升了商业可持续性。互联网理财利用大数据和云计算等前沿技术，对海量信息进行处理，有效控制了预测误差，保障了系统高稳定、高安全，在规模效应下降低运营成本。

2. 存在的风险及问题

目前的互联网财富管理模式在实际操作中也存在不少问题。从平台角度看，信用体系不完善，充分理解投资需求存在阻碍；国内被动投资品种少，金融产品与投资需求难以匹配；外汇管制限制居民每年只能换汇 5 万美元；国内投资的多是公募基金、债券和非标资产，其中可供投资的高流动性的资产很少；技术风险也很明显，既懂技术又懂投资的复合型人才很少，有不少智能投顾平台并无名副其实的技术。另外，由于证券投资咨询牌照管理趋严，目前已经上线的智能投顾平台中，绝大部分不拥有执业牌照。

事实上，互联网理财面临的主要风险还体现在流动性、网络安全和平台风险三个方面。首先是流动性，由于互联网理财的申购、赎回方便，投资者频繁申赎可能会对产品的投资运作产生一定影响，而一些 T+0 产品通常需要平台或银行垫资，也存在流动性的问题；其次是网络安全问题，互联网理财产品的买卖都是通过互联网来实现，存在系统风险或遭受网络攻击的可能性，一旦用户的个人信息被泄露，用户资金的安全就无法得到保证；最后是平台风险问题，部分理财平台，特别是部分 P2P 平台缺乏足够的互联网安全、风控技术支持，一些平台的信息披露不完整、运作不规范，甚至有一些平台打着投资的幌子进行非法集资、非法转移财产和套现跑路等。

3.1.3 我国数字普惠金融取得的成就

1. 金融服务的覆盖面和数字化程度明显提升

账户和银行卡的普及是民众获得金融服务、消除“金融排斥”的第一步。截至 2019 年 6 月末，我国人均拥有 7.6 个银行账户、持有 5.7 张银行卡，较 2014 年末分别提高 60% 和 50%，处于发展中国家领先水平（见图 3-5）。

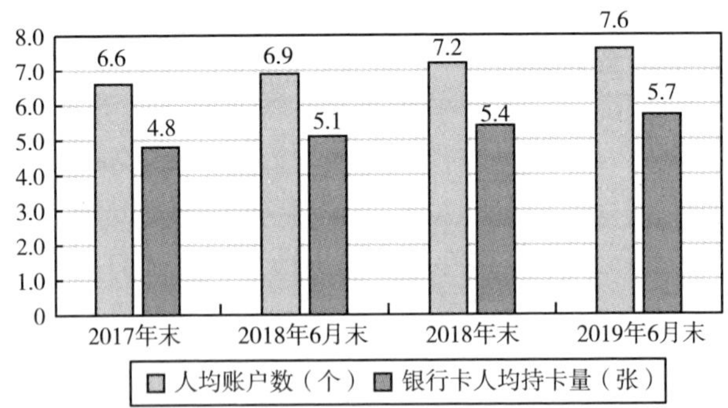

图 3-5　我国近年来人均账户数和人均银行卡持有量

资料来源：2019 年中国普惠金融发展报告，中国银保监会、中国人民银行。

物理可得性是普惠金融的关键要素之一，物理机具的广泛布设为民众获得便捷的金融服务奠定了基础。截至 2019 年 6 月末，我国每 10 万人拥有 ATM 机 79 台，是亚太地区平均水平的 63 台，每 10 万人拥有 POS 机 2356 台，较 2014 年末实现翻倍。

信息技术的发展和移动互联网的普及进一步降低了获得金融服务的门槛，显著增强了民众的金融服务获得感。全国使用电子支付的成年人比例达82.39%，其中非银行支付机构网络支付业务及银行业机构移动支付业务发展最为迅速；2019年上半年，银行业金融机构移动支付434.24亿笔，累计金额166.08万亿元，呈现持续增长态势。

2. 农村地区基础金融服务覆盖面持续扩大，覆盖形式趋于数字化

农村地区，特别是偏远山区、贫困地区，是金融服务覆盖的“最后一公里”，也是金融供给、需求结构不平衡问题在区域层面的表现。除了设置机构网点外，部分地区借助电子机具等终端、移动互联技术以及便民服务点、流动服务站、助农取款服务点等代理模式，扩大基础金融服务的覆盖面。截至2019年6月末，全国乡镇银行业金融机构覆盖率为95.7%，行政村基础金融服务覆盖率为99.2%，分别比2014年末提高1.1个和8个百分点；全国乡镇保险服务覆盖率为95.5%。银行卡助农取款服务点已达82.3万个，多数地区已基本实现“村村有服务”。

农村地区电子支付进一步推广，为农村电商发展提供了支撑。2019年上半年，农村地区发生网银支付业务63.54亿笔、金额74.27万亿元，发生移动支付业务47.35亿笔、金额31.17万亿元；银行机构办理农村电商支付业务3.57亿笔、金额4030.33亿元；银行卡助农取款服务点发生支付业务（含取款、汇款、代理缴费）2.14亿笔，金额1813.25亿元。

3. 持续增加数字普惠金融重点领域供给，提升各项服务的可得性

面向小微企业的金融服务实现增量、扩面、降本、控险平衡发展。截至2019年6月末，全国小微企业贷款余额35.63万亿元，其中普惠型小微企业贷款（单户授信总额1000万元及以下的小微企业贷款）余额10.7万亿元，较年初增长14.27%，比各项贷款增速高7.14个百分点，实现了增量发展；有贷款余额户数1988.31万户，较年初增加265.08万户，实现了扩面发展；2019年上半年新发放的普惠型小微企业贷款平均利率为 6.82%，较 2018 年全年平均利率下降 0.58 个百分点，有效减轻了小微企业的财务负担；全国普惠型小微企业贷款不良率 3.75%，较年初下降 0.43 个百分点，更好地实现了风控的目的。2019 年上半年，信用保险和贷款保证保险累计服务 34.37 万家小微企业，助其获得银行贷款 533.68 亿元（见图 3－6）。

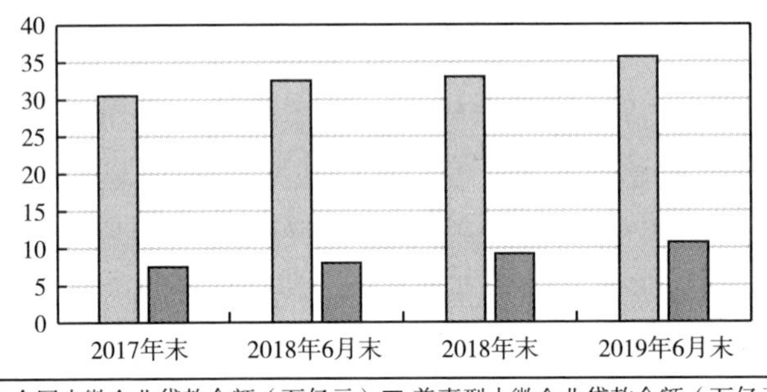

图 3－6　我国小微企业的贷款情况（2017～2019 年）

普惠金融支持乡村振兴力度不断加大。截至 2019 年 6 月末，全国涉农贷款余额 34.24 万亿元，其中，农户贷款余额 9.86 万亿元。普惠型涉农贷款余额 6.1 万亿元，占全部涉农贷款的 17.8%，较年初增长 8.24%，高于各项贷款平均增速 1.11 个百分点。2019 年上半年，全国农业保险为 1.17 亿户次农户提供了风险保障约 2.57 万亿元，为 1500.52 万户次受灾农户支付赔款 203.09 亿元（见图 3－7）。

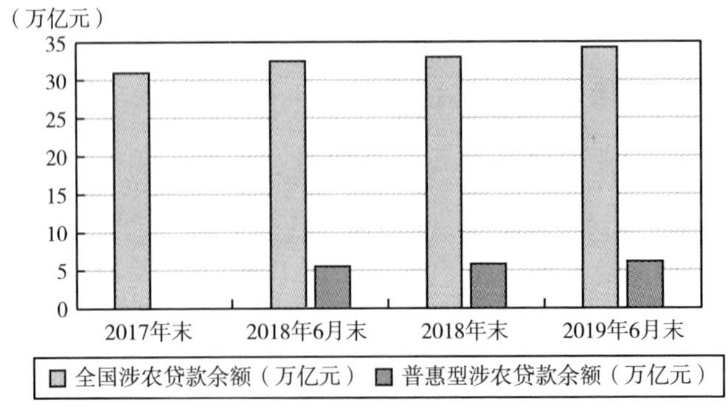

图 3－7　中国涉农贷款情况（2017～2019 年）

金融脱贫攻坚精准发力。截至 2019 年 6 月末，全国扶贫小额信贷累计发放 3834.15 亿元，余额 2287.57 亿元；累计支持建档立卡贫困户 960.14 万户次，余额户数 566.62 万户。扶贫开发项目贷款余额 4274.04 亿元。全国 334 个深度贫困县各项贷款余额 17365.89 亿元，较年初增加 1274.27 亿元，增速 7.92%。产业精准扶贫贷款余额 1.24 万亿元，带动建档立卡贫困人口 805 万人脱贫发展。

3.1.4　我国数字普惠金融存在的共性问题

我国数字普惠金融快速发展，优势也得以充分显现。然而，由于数字普惠金融的发展尚处于起步的阶段，可借鉴的国际经验极少，再加上其独特的业务模式、技术属性和风险特征，使我国的数字普惠金融发展面临以下主要问题[①]。

1. 金融欺诈频发，用户信息安全受威胁

数字技术不断应用于普惠金融的各个方面，数字普惠金融逐渐成为各大金融服务提供商的重要发展理念和发展方向，普惠金融的服务深度和广度也得到了很大的提升，数字普惠金融所具有的优越性日益增多。然而，同时也必须关注的是数字普惠金融中的金融欺诈行为，这不仅会对用户的财产和信息造成损失和威胁，而且还会影响金融市场的稳定甚至会对整个社会的稳定造成冲击。

数字普惠金融欺诈主要通过 P2P 借贷、互联网理财、网络众筹、供应链金融等平台实施诈骗，且这些欺诈行为都是利用网络平台承诺高收益吸引用户投资，并在短时间内吸收用户资金，这些行为都涉嫌非法集资，给用户、金融市场和整个社会都带来了极大风险。以 e 租宝为例，该平台 2014 年 7 月上线，截至 2015 年 11 月底，累计成交数据为 703 亿元，快速挤入行业前列。e 租宝利用收买企业或注册空壳公

① 本部分参考：邱兆祥，向晓建．数字普惠金融发展中所面临的问题及对策研究［J］．金融理论与实践，2018（1）：5-9．

司在其平台上虚构项目，并进行包装，吸引投资者注资，其年化收益率高达 15%。2015 年 12 月，e 租宝的非法集资行为败露，并因涉嫌犯罪被立案侦查。2016 年 1 月警方公布的数据显示，e 租宝非法集资超过 500 亿元。

除 e 租宝外，还有天力贷、泛亚等网络平台披着“金融创新”的外壳实施非法集资。但是，由于非法集资和民间借贷的边界模糊不清，致使存在灰色地带，这些非法集资的欺诈行为只有在资金链断裂或是资金达到相当规模时才能被监管机构发现并处置。这无疑助长了网络平台的赌徒心理，导致金融欺诈频发。同时，数字普惠金融依赖于数字化技术，数字技术的安全性和保密性与用户的信息和资金安全直接相关，用户的信息和数据在传输和储存的过程中，都有可能被不法分子截断获取，甚至对用户的信息进行篡改，给用户造成巨大的损失。金融欺诈和信息安全问题的日益突出，是数字普惠金融在发展过程中所面临的重大问题。

2. 征信体系不健全，信息难以有效整合

互联网理财、P2P 借贷等数字普惠金融服务的供给方，在快速发展中对征信提出了更高的要求。中国的征信体系以信贷信息为基础，形成了以中国人民银行金融信用信息基础数据库为主导、市场化征信机构为辅的多元化格局，然而这些信息与公安机关、人民法院等政府部门的信息并未有效整合。征信体系的不健全，直接制约了包括 P2P 信贷、众筹平台等的信用评估、贷款定价和风险管理，用户的信息无法完全整合甚至无法查询，再加上征信体系的覆盖范围受限，因此，许多 P2P 平台不得不通过线下的尽职调查来获取企业和个人的信用信息，征信成本也由此上升，从而使贷款利率不断推高。小微企业和个人的贷款成本高企，不利于普惠金融的发展。

以点融网为例，其平台上需要融资的客户主要是个人和小微企业。由于个人和小微企业的信贷数据较少，点融网难以从信息公开平台查询到完整的信息，因此，点融网会花费大量人力、物力进行实地考察，根据企业或个人的资产情况、借款用途、还款能力等，进行评分。资质较好的小微企业，年贷款利率在14%~15%，资质差一些的，年贷款利率接近17%~18%。对于个人，点融网给出的年贷款利率一般接近或超过20%，贷款利率高企现象严重。然而，即便各平台付出了较高的征信成本，依旧无法避免平台上的大规模违约和逾期付款行为。征信体系的不完善，使违约行为难以避免。

3. 监管政策待完善，无证执业现象明显

数字普惠金融的创新性以及其所包含业务的广泛性，使其混业经营的特点愈发明显。我国现有的金融监管体系主要是针对银行、证券和保险这类传统的机构所设置的分业监管模式，并不适用于数字普惠金融的混业经营模式。互联网、大数据等飞速发展与普及，使数字普惠金融跨越了地域限制和行业限制，监管的难度也随之加大。尽管第三方支付、互联网保险的相关监管政策和管理措施相继出台，但是数字普惠金融的监管仍旧存在漏洞，监管政策有待进一步完善。

2016年11月，北京大学互联网金融研究中心（IIF）在主题为“数字时代的中国普惠金融”年会中提出数字普惠金融很多问题的产生，都与监管缺位或者监管不当有关。互联网金融在发展过程中，很多领域都出现了“无证上岗”的现象。P2P领域金融欺诈案件的频发，也与监管政策存在漏洞有极大的关系，很多网贷平台因为牌照的限制，只能无证执业，这样导致的直接后果是一旦出现风险会很难控制，甚至波及整个金融领域。可见，更为完善、更为合理的监管政策和监管体系是保障数字普惠金融健康发展的重中之重。

3.2 我国中小企业的融资现状

3.2.1 中小企业及其发展现状

1. 中小企业的界定和划分标准

中小企业（Small & Medium Business，SMB）是指在中华人民共

和国境内依法设立的，人员规模、经营规模相对较小的企业，包括中型企业、小型企业和微型企业。

目前，对中小微企业的界定，国际上没有统一的衡量尺度。在我国，工信部、国家统计局、国家发改委及财政部四部委于 2011 年 6 月联合发布了《关于印发中小企业划型标准规定的通知》（工信部联企业〔2011〕300 号），该通知根据行业企业的特点，按照企业从业人员数量、营业收入数额、资产价值总额等指标对中型企业、小型企业和微型企业进行了划型。具体如表 3－2 所示。

表 3－2　　中小微型企业划分标准

行业名称	指标名称	计量单位	中型	小型	微型
农、林、牧、渔业	营业收入（Y）	万元	500≤Y＜20000	50≤Y＜500	Y＜50
工业*	从业人员（X）	人	300≤X＜1000	20≤X＜300	X＜20
	营业收入（Y）	万元	2000≤Y＜40000	300≤Y＜2000	Y＜300
建筑业	营业收入（Y）	万元	6000≤Y＜80000	300≤Y＜6000	Y＜300
	资产总额（Z）	万元	5000≤Z＜80000	300≤Z＜5000	Z＜300
批发业	从业人员（X）	人	20≤X＜200	5≤X＜20	X＜5
	营业收入（Y）	万元	5000≤Y＜40000	1000≤Y＜5000	Y＜1000
零售业	从业人员（X）	人	50≤X＜300	10≤X＜50	X＜10
	营业收入（Y）	万元	500≤Y＜20000	100≤Y＜500	Y＜100
交通运输业*	从业人员（X）	人	300≤X＜1000	20≤X＜300	X＜20
	营业收入（Y）	万元	3000≤Y＜30000	200≤Y＜3000	Y＜200
仓储业*	从业人员（X）	人	100≤X＜200	20≤X＜100	X＜20
	营业收入（Y）	万元	1000≤Y＜30000	100≤Y＜1000	Y＜100
邮政业	从业人员（X）	人	300≤X＜1000	20≤X＜300	X＜20
	营业收入（Y）	万元	2000≤Y＜30000	100≤Y＜2000	Y＜100
住宿业	从业人员（X）	人	100≤X＜300	10≤X＜100	X＜10
	营业收入（Y）	万元	2000≤Y＜10000	100≤Y＜2000	Y＜100
餐饮业	从业人员（X）	人	100≤X＜300	10≤X＜100	X＜10
	营业收入（Y）	万元	2000≤Y＜10000	100≤Y＜2000	Y＜100

续表

行业名称	指标名称	计量单位	中型	小型	微型
信息传输业*	从业人员（X）	人	100≤X<2000	10≤X<100	X<10
	营业收入（Y）	万元	1000≤Y<100000	100≤Y<1000	Y<100
软件和信息技术服务业	从业人员（X）	人	100≤X<300	10≤X<100	X<10
	营业收入（Y）	万元	1000≤Y<10000	50≤Y<1000	Y<50
房地产开发经营	营业收入（Y）	万元	1000≤Y<200000	100≤Y<1000	Y<100
	资产总额（Z）	万元	5000≤Z<10000	2000≤Z<5000	Z<2000
物业管理	从业人员（X）	人	300≤X<1000	100≤X<300	X<100
	营业收入（Y）	万元	1000≤Y<5000	500≤Y<1000	Y<500
租赁和商务服务业	从业人员（X）	人	100≤X<300	10≤X<100	X<10
	资产总额（Z）	万元	8000≤Z<120000	100≤Z<8000	Z<100
其他未列明行业*	从业人员（X）	人	100≤X<300	10≤X<100	X<10

资料来源：中华人民共和国国家统计局。

2. 中小企业的发展现状

不论是在发达国家，还是在发展中国家，中小企业的数量都占据着绝对的优势，中小企业在经济发展中都占有举足轻重的影响。

中小企业是我国经济发展的重要力量，已经成为推动我国新生业态发展和经济转型升级的重要力量。截至 2019 年底，全国各类企业总数为 1527.84 万户，其中，中小企业数量为 1523.1 万户，占全国企业总数的 99.7%；小型微型企业（含个体工商户）数量为 1438.4 万户，占全国企业总数的 94.15%。中小微企业提供城镇就业岗位超过 80%，创造的最终产品和服务相当于国内生产总值的 60%，上缴利税占 50%。此外，中国发明专利的 65%、企业技术创新的 75% 以上和新产品开发的 80% 以上，都是由中小企业完成的。所以说，中小企业发展状况关系到中国经济社会结构调整与发展方式转变，关系到促进就业与社会稳定，关系到科技创新与转型升级。特别是近年来，随着我国“大众创业、万众创新”的推进，新成立的中小企业数量快速增长，日均新设企业由 2012 年 5000 多户增加到 2017 年的

1.66 万户。

图 3－8 反映了我国中小企业的总体发展情况。总体来看，中小企业发展指数（SMEDI）[①] 自 2013 年以来较为平稳。其中，2019 年季度均值为 92.9，波动幅度不超过 0.3 点，说明 2019 年中小企业发展稳中承压，保持了平稳健康发展态势，在稳就业、增活力、保民生方面发挥了重要作用，为国民经济和社会发展做出了重要贡献。当前，世界经济增长持续放缓，国内经济下行压力加大，但我国仍处于重要战略机遇期，经济长期向好的基本趋势没有改变。随着一系列逆周期调节政策效果逐步显现，中小企业发展信心有望进一步增强，企业营商环境也将得到进一步改善。

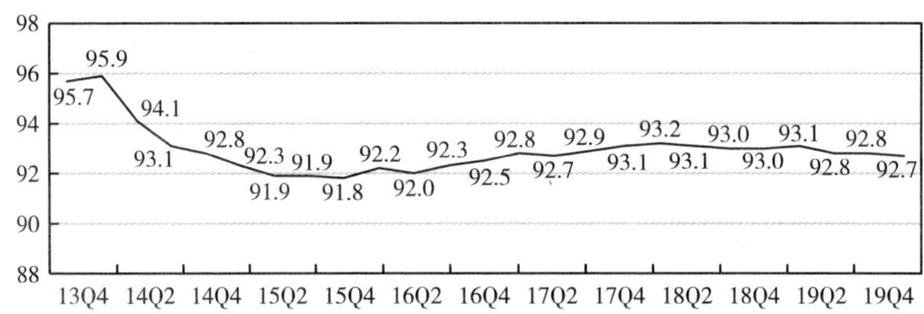

图 3－8　中国中小企业发展指数运行（2013～2019 年）

资料来源：中华人民共和国国家发展和改革委员会。

3.2.2　中小企业的融资现状

1. 中小企业的融资方式

中小企业"融资难、融资贵"是个世界性难题。早在 20 世纪 30 年代，英国就提出了"麦克米伦缺口"（Macmillan Gap），即资金供给方不愿意向中小企业提供资金，小企业在发展过程中始终存在资金

① 中小企业发展指数是反映中国中小企业（不含个体工商户）经济运行状况的综合指数。该指数调查由中国中小企业协会主持，国家统计局中国经济景气监测中心提供技术支持，选取了工业，建筑业，交通运输邮政仓储业，房地产业，批发零售业，信息传输、计算机服务和软件业，住宿餐饮业，社会服务业等八大行业。

缺口。

在市场经济条件下，企业融资方式分为两种：一种是内源融资，即将自己的积累可供使用资金转化为投资的过程；另一种是外源融资，是指企业外部投资人或投资机构处获得资金，外生融资又可分为直接融资和间接融资，具体见表 3 - 3。中小企业在创建初期，由于自身的经营资产、信用有限，通常只能依靠内源性融资作为融资活动的开端，随着生产扩大，会转而向外部寻求资金和资源对接。

表 3 - 3　　融资模式种类

<table>
<tr><td rowspan="11">融资模式类型</td><td rowspan="2">内源融资</td><td rowspan="2">内部筹集</td><td>企业经营收入资金、集资等</td></tr>
<tr><td>企业股东投资</td></tr>
<tr><td rowspan="9">外源融资</td><td rowspan="7">直接融资</td><td>发行股票融资（股权）</td></tr>
<tr><td>发行债券融资（债权）</td></tr>
<tr><td>风险投资公司</td></tr>
<tr><td>民间借贷</td></tr>
<tr><td>商业信用</td></tr>
<tr><td>融资租赁</td></tr>
<tr><td>国家财政专项</td></tr>
<tr><td rowspan="2">间接融资</td><td>银行借贷</td></tr>
<tr><td>融资租赁</td></tr>
</table>

2. 中国中小企业面临的融资难题

在中国，中小企业同样面临“融资难、融资贵”问题，并呈现出新的特征和困难。相较于发达国家较为完善的法律制度保障以及多层次的金融机构，我国的市场经济金融市场起步较晚，尽管近年来宏观层面上“大众创业、万众创新”给中小企业吹来了一道强劲的春风，提供了有力的政策和人才支援。在金融市场上，新三板的全面加速扩容也给中小企业拓展融资渠道、对接资本市场打开了新的大门。在各方的关注和推进中，我国中小企业“融资难”得到了一定程度的缓解，然而，受限于自身资产有限、抗风险能力较弱且资信水平偏低、融资信息不充分等共性问题，大多数中小企业依然无法获得匹配其发展的融资。如何协助中小企业突破融资困境成为我国构建有活力的多层次市场最不容忽视的现实问题。2014 年全国“两会”收到的提案中有数据显示，约占 90% 的民营中小企业面临融资困境。数据显示，2017 年底，我国有超过 2300 万中小微企业无法从正规金融机构获得外部融资，或得到的资金完全不足以满足其经营需求，受信贷约束的中小企业数量为 500 万，占中小企业总量的 42%。可见，现有融资模式产生的融资约束导致了中小企业的融资困境，极大地限制了中小企业的成长与发展。

据中国产业调研网发布的 2019 年中国中小企业市场现状调研与发展趋势预测分析报告显示，我国中小企业是以内源融资为主，尤其是经营规模小、产品单一的小企业更是如此，这是迫于无法从外部筹资而不得已为之。

在外源融资中，中小企业最多的是银行借贷。中国人民银行数据显示，截至 2018 年第二季度，银行业人民币贷款余额 129.15 万亿元，其中小微企业贷款余额 25.4 万亿元，占企业贷款余额比重由 2010 年 14.8% 上升至 24.79%，但该信贷规模与中小企业对国民经济的重要贡献明显不成正比。金融机构对各类企业贷款规模如图 3－9 所示，可见，以城市商业银行、农村商业银行为代表的地方性银行提供信贷占比 38.64%，成为小微企业主要的信贷供给方。

除了中小企业贷款难外，中小企业贷款贵的问题也很突出。尽管大型银行小微企业贷款利率并不高，地方性法人银行贷款利率稍高，但小贷公司和民间借贷成本则最高能达到 36%。数据显示，在拥有负债的中小企业中，约 80% 有民间借贷行为，这几年异常火爆的 P2P 平台贷款年化利率通常在 20%～30%，可见其融资成本过高，加重了中小企业的负担，这也充分说明了中小企业资金短缺的程度。此外，中小企业在利率成本的基础上，还要承担诸多费用，如手续费、评估费、担保费等，进一步加重了中小企业的财务负担。同时，多数中小企业只能获得短于一年期的流动资金贷款，到期后需要续贷，在

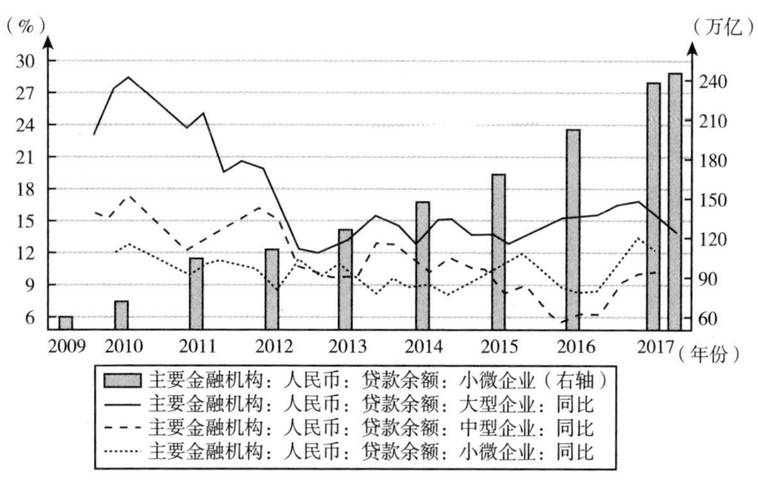

图 3－9　2009～2017 年我国各类银行对中小企业的信贷规模

资料来源：苏宁金融研究中心、Wind 数据库。

新旧贷款接续的空档期，部分企业不得不利用民间借贷等过桥资金来满足融资需求，进一步抬高了资金成本。①

3. 中国中小企业融资难题近年来有所缓解

我国政府部门、监管机构近些年采取了很多措施，主要体现在以下几个方面：第一，金融监管部门实行“两个不低于”和“定向降准”政策。中国银监会于 2010 年 2 月要求，小企业信贷投放做到两个“不低于”——增速不低于全部贷款增速，增量不低于上年，中国人民银行也屡次对小微企业和涉农贷款达到要求的金融机构进行定向降准，引导金融机构贷款对象转移。第二，继续深化“银税互动”。研究扩大受惠企业范围，提高信用信息共享效率，加快银税数据直连，加强数据安全管理，提升银行的授信审批、风险管理效率，支持小微企业“以税促信、以信申贷”。第三，持续推进“银商合作”。依托于小微企业名录，有效利用市场监管部门掌握的企业注册

① 本部分主要参考：陈卫东．缓解中小企业融资难［J］．中国金融，2018（13）：50－52．

和经营状况信息，搭建银企融资对接平台，缓解小微企业信息不完整、不透明等问题。第四，深入开展“信易贷”支持中小微企业融资，国家印发《关于深入开展“信易贷”支持中小微企业融资的通知》，依托全国信用信息共享平台，加快建设全国中小企业融资综合信用服务平台，支持金融机构创新“信易贷”产品和服务。第五，持续推进中小微企业和农村信用体系建设。各地多层级建立中小微企业和农户信用信息数据库，完善信息征集机制。截至 2019 年 6 月末，全国累计为 261 万户中小微企业和 1.87 亿农户建立信用档案。

在这些政策的扶持下，中小企业融资问题方面取得了长足进展，小微企业融资难的程度有所缓解。2011 ~ 2017 年，小型企业的贷款增速一直领先于大型企业贷款增速，具体趋势如图 3 - 10 所示。

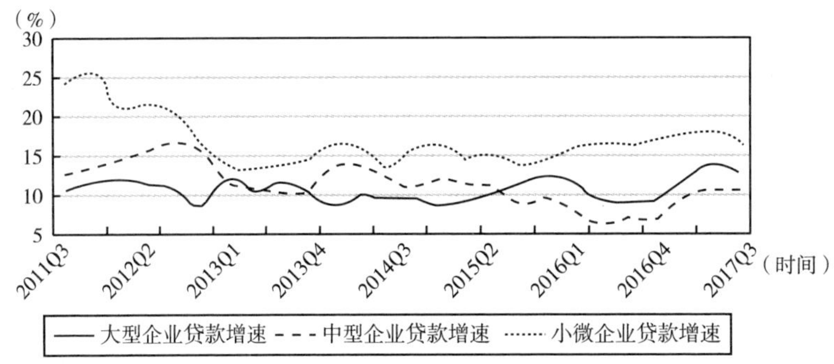

图 3 - 10　大中小微企业贷款增速（2011 ~ 2017 年）

资料来源：中国银行国际金融研究所。

据中国银保监会发布的《2019 年中国普惠金融发展报告》，面向小微企业的金融服务实现增量、扩面、降本、控险平衡发展。截至 2019 年 6 月末，全国小微企业贷款余额 35.63 万亿元，其中普惠型小微企业贷款（单户授信总额 1000 万元及以下的小微企业贷款）余额 10.7 万亿元，较年初增长 14.27%，比各项贷款增速高 7.14 个百分点，实现了增量发展；有贷款余额户数 1988.31 万户，较年初增加 265.08 万户，实现了扩面发展；2019 年上半年新发放的普惠型小微企业贷款平均利率为 6.82%，较 2018 年全年平均利率下降 0.58 个百分点，有效减轻了小微企业的财务负担；全国普惠型小微企业贷款不良率 3.75%，较年初下降 0.43 个百分点，更好地实现了风控的目的。

4. 发挥多层次资本市场服务功能，拓宽中小企业的融资渠道

中国目前资本市场共有四个板块：一板市场是主板市场和中小企业板市场；二板市场包括创业板和科创板，其中，科创板是习近平主席于 2018 年 11 月 5 日宣布设立并于 2019 年 6 月 13 日正式开板的；三板市场是全国性的非上市股份有限公司股权交易平台，主要针对的是中小微型企业，因挂牌企业均为高科技企业而不同于原转让系统内的退市企业及原 STAQ、NET 系统挂牌公司，故形象地称为“新三板”；四板市场是区域性股权交易市场，是为特定区域内的企业提供股权、债券的转让和融资服务的私募市场，是中国多层次资本市场中必不可少的部分。其中，二板市场、三板市场和四板市场主要是为中小微企业提供融资服务和平台。

目前，新三板关于普通股、优先股等融资工具的直接融资体系正逐步完善，截至 2019 年 6 月末，新三板挂牌公司中的中小企业累计发行 5120 次，融资金额达 1285.5 亿元。进一步规范发展区域性股权市场，更好地发挥对中小微企业和“三农”的支持作用。截至 2019 年 6 月末，区域性股权市场挂牌企业 2.75 万家，展示企业 10.32 万家，累计实现融资 10020 亿元。

稳步扩大创新创业公司债券发行试点规模，稳步发展供应链金融资产证券化产品，提高中小企业资金周转效率。创新创业公司债券累计发行 57 单，融资金额超过 80 亿元；供应链金融资产证券化产品累计发行 475 单，金额 3475 亿元。

3.2.3 中小企业融资存在的问题

1. 新常态下中小企业“融资难、融资贵”问题进一步凸显

从宏观经济层面看，新常态下我国经济增速放缓根据经济增长理论，实际利率与经济增长率同向变动才能保证经济体处于稳定的均衡，两者走势背离将加重企业融资成本负担。同时，由于既要“稳增长”又要“防通胀”，我国定位于采取“积极财政政策+稳健货币政策”的宏观经济政策组合，根据宏观经济学模型，这样的组合又会进一步推高利率水平。

从微观运行层面看，在经济下行阶段，一方面，企业投资收益率降低、资金周转速度变慢，贷款无法及时、足额偿还，导致银行资金不能及时收回，形成大量资金沉淀，产生融资“沉淀效应”；另一方面，大量陷入房地产和民间借贷等资金困境的大型企业集团流动性风险凸显，为确保不发生资金链断裂，也借助多种渠道，不惜以较高价格吸收相当数量的资金，又对中小企业融资产生“挤出效应”。同时，作为商业银行，由于企业偿债风险加大，不良贷款余额、不良率“双升”，银行通过提高风险溢价覆盖潜在损失，并采取提升融资准入门槛、压低抵质押率等措施，致使中小企业“融资难、融资贵”问题更加凸显。实际上，这是均衡信贷配给的一种体现形式，它取决于两个条件：其一，按照银行标明利率，贷款申请人的借款需求只能部分得到满足；其二，银行对不同的借款人实行差别待遇，部分信息较对称的借款需求得到满足，另一部分则被拒绝。

2018年2月，清华大学中国金融研究中心公布了中国社会融资成本，如表3－4所示。

表3－4　　中国社会各类融资方式的融资成本

融资方式	平均融资成本（%）	融资余额（万亿）	占比权重
银行贷款	6.60	69.16	57.1
承兑汇票	5.19	12.54	10.37
公开发债	6.68	18.37	15.19
融资性信托	9.25	8.53	7.05
融资租赁	10.70	5.87	4.85
保理	12.10	4900	0.41

续表

融资方式	平均融资成本（%）	融资余额（万亿）	占比权重
小贷公司	21.90	9704	0.80
互联网金融（网贷）	21.00	1.22	1.00
上市公司股权质押	7.24	3.77	3.12
企业平均融资成本：7.6%			

资料来源：中国银行国际金融研究所。

可见，货币供应量放缓、利率走高抬升实体融资成本，目前全国平均企业融资成本为 7.60%，仅为利率成本。中小企业缺乏直接融资渠道，主要外部资金来源包括国有银行、地方性银行、股份制银行、互联网金融、小贷公司、民间借贷等，若中小企业从正规商业银行进行借贷，借贷利率必然大于大型企业，且往往因其缺乏可抵押可担保的财产被拒之门外，则中小企业会求助于互联网金融、小贷公司甚至是民间借贷等，而其融资利率畸高，达到 20% 以上。可以预估，中小企业的融资成本将超过 15%。

2. 金融资源配置具有二元特征，中小企业融资供给明显失衡

我国长期存在不均衡的二元经济和社会结构，导致市场经济体系和金融体系也有明显的二元特征。吕劲松（2015）指出，我国经济体系中分化出了以大型国有企业集团为代表的国有经济体系和以中小企业为代表的私人经济体系，金融体系中产生了正规金融与民间金融的二元市场，这种“双重”的二元结构直接造成了金融资源分配机会和占用成本的严重失衡与不公，产生了对中小企业等弱势群体的金融排斥。当前，中小企业资金来源仍以自有投入为主，直接融资渠道不畅通，融资比例低、核准周期长。

无法获得足额正规金融市场融资的中小企业，不得不通过民间金融融资。相对而言，民间融资在收集关于中小企业的信息方面具有优势。一方面，民间融资缺少监管规范，潜在风险大；另一方面，由于利率市场化程度不高，正规金融和民间金融之间存在天然利率“鸿沟”，银行依靠垄断地位和资源优势揽储，又通过影子银行体系将部分资金融通给民间金融体系高息放贷，拉长了银行资金最终进入实体经济的链条，直接推高了融资成本，同时又存在部分寄生于二元金融结构的利益集团甚至资金掮客等，专业借道银行体系套取资金，渗透进入民间金融牟取巨大利差，造成民间融资成本持续上涨，加重了中小企业融资负担。

3. 中小企业难以满足正规融资渠道的限制条件，借贷双方皆面临压力

大型银行的经营管理方式不能适应中小企业的融资特点。大型银行的机构设置、审批体制和经营考核以服务大型企业为主，业务人员习惯于做大金额业务，审批权限相对集中，贷款审批和发放程序较复杂，难以满足中小企业短、频、快的融资需求。

传统银行融资重资产抵押，中小企业往往缺乏融资所需的抵押资产。从担保和抵押环节看，存在担保手续复杂、担保费用高、担保机构资金实力不能满足市场需要的问题。在现行体制下，抵押登记的有效期一般为1年，而抵押贷款的期限如超过1年，企业每年要进行评估登记，不但增加了企业负担，也增加了银行经营成本。

4. 过度依赖银行信贷，资本市场体系进入门槛高

在既无财政支持又上市“无门”的情况下，民间借贷或许可以成为中小企业有益的补充，但由于民间借贷是游离于金融监管之外的，不能有效抵御风险，被我国严令禁止，故也未能充分发挥作用。因此，中小企业的外源筹资基本上以银行信贷为主，比例高达65.7%。

同时，调查显示，无论企业处于什么发展阶段，以银行贷款为主的间接融资需求始终较大，特别是对于发展中后期及成熟期的企业，尽管可以选择的融资方式增多，但实际融资渠道仍然传统、单一。李道波（2015）认为，当前我国资本市场准入门槛较高，缺乏针对中小企业的差异化制度安排，企业规模、资质难以满足相关条件。同时，债券融资往往需要引入外部评估机构，其结果可能不利于企业降低融资成本，且操作程序相对复杂。此外，由于我国非公开发行、非上市公司股权流通渠道不够畅通，相关机制不完善，中小企业出于规避风险的考虑，对直接融资的需求不足。

5. 政府对于中小企业融资提供了很多政策支持

首先，财政政策方面的支持，主要是通过设立专项基金进行直接投入来实现，近年来中央财政专项资金规模不断扩大。财政政策的优点是支持对象明确、见效快。我国近年来主要的五种财政政策如下：一是政府财政部门对中小企业进行专项补贴，我国先后设立扶持中小企业的市场开拓资金和发展专项资金；二是政府为解决中小企业贷款难的问题，颁布一系列政策引导担保机构为符合条件的中小企业进行担保贷款；三是延长中小企业亏损结转弥补年限；四是扶持中小企业参与政府采购；五是简化中小企业税收征管程序，减轻其沉重的税收负担。

其次，税收政策方面的支持，近年来我国针对中小企业的企业所得税优惠政策力度不断加大，作用环节层次多。自 2017 年 12 月 1 日到 2019 年 12 月 31 日，政府对小型企业、微型企业发放小额贷款取得利息收入，并对单独核算上报的中小企业免征增值税。自 2018 年 1 月 1 日到 2020 年底期间，中小企业与金融机构签订的借款合同可免征印花税。为了进一步缓解中小企业“融资难”的问题，我国还将税收优惠范围扩大到为中小企业提供服务的金融机构和社会组织。这些优惠政策，有效调动金融机构及社会组织的积极性，增加了对中小企业的资金供给和服务，改善了中小企业融资环境。

最后，货币政策的支持，主要体现为定向降准。定向降准属于金融支持实体经济的正向激励举措，有利于将金融资源更好地投放到“三农”、小微企业等薄弱环节，从而促进经济结构的调整。自 2014 年以来，为了扶持中小微企业发展，鼓励金融机构向其提供信贷资金，中国人民银行屡次对小微企业和涉农贷款达到要求的金融机构进行了定向降准。2017 年 9 月，央行决定统一对部分贷款（小微企业贷款、个体工商户和小微企业主经营性贷款，以及农户生产经营、创业担保、建档立卡贫困人口、助学等贷款）增量或余额占全部贷款增量或余额达到一定比例的商业银行实施定向降准政策，并自 2018 年起实施。

3.3　本章小结

随着数字技术的发展和互联网的普及，普惠金融发展进入了数字普惠金融阶段，2016 年 9 月，G20 峰会发布的《G20 数字普惠金融高级原则》成为全球数字普惠金融发展的指引性文件。我国数字普惠金融也快速发展起来，互联网支付、网络借贷、数字保险、网络众筹和互联网财富管理等形式如雨后春笋般遍布全国各地，优势尽显，但也存在以下问题：金融欺诈频发，用户信息安全受威胁；征信体系不健全，信息难以有效整合；监管政策待完善，无证执业现象明显等。

中小企业是推动我国新生业态发展和经济转型升级的重要力量，同样面临“融资难、融资贵”问题，国内 90% 以上的中小企业依然无法获得匹配其发展的融资。“融资难、融资贵”是表象，其背后的根源是融资约束。在社会各方，特别是政府部门、监管机构的关注和推进中，我国中小企业融资约束问题得到了一定程度的缓解，然而，受限于自身资产有限、抗风险能力较弱且资信水平偏低、融资信息不充分等共性问题，导致其直接融资受阻、正规金融机构信贷被拒，不得不求助于民间金融渠道，但这又导致其融资成本持续上涨，加重了中小企业融资负担。

第4章 数字普惠金融的定量评价

本章将依照GPFI制定的普惠金融指标体系和北京大学数字金融研究中心的“北京大学数字普惠金融指数”，从覆盖面（账户覆盖率）、深度（支付业务、保险业务、货币基金业务、信贷业务、信用业务、投资业务）和数字支持服务程度（移动化、实惠化、信用化、便利化）三个一级维度，构建了衡量指标体系，并对我国31个省区市的数字普惠金融发展水平进行测度。

4.1 数字普惠金融的衡量指标体系

要想准确地衡量我国及其各省区市数字普惠金融的发展，首先需要设计一个完整、准确的数字普惠金融指标体系。

4.1.1 构建原则

本书在数字普惠金融指标体系的构建过程中遵循了以下原则。

第一，同时考虑数字金融服务的广度和深度。数字普惠金融指标体系应该是基于数字金融内涵、特征的综合概括，其所包括的每一个指标和每一个维度都应反映数字普惠金融的某一个视角。而且不仅要考虑到数字金融覆盖的人群和地域，还要考虑到其被使用的深度，只有这样才能真正刻画出数字金融的普惠价值。

第二，兼顾纵向和横向可比性。作为一个动态过程，数字普惠金融的发展随着经济、社会和金融体系的发展而不断变化，同一地区在不同年份的数字普惠金融状况会有所变化。此外，不同地区在同一年份由于禀赋、经济发展水平与结构、政策和制度的不同，在数字普惠金融表现上也会存在差异，也需要在数字普惠金融指数上得到体现。因此，所编制的数字普惠金融指数最好应该可以同时进行横向（地区维度）比较和纵向（时间维度）比较。

第三，体现数字金融服务的多层次性和多元化。现有关于普惠金融的研究主要是从传统银行业务角度来考虑的，随着金融服务的不断创新发展，金融服务已呈现出多层次性和多元化发展的特征。因此，对数字普惠金融的全面刻画要求所构建的指标体系中不仅包括银行服务（主要是信贷），还要包括支付、投资、保险、货币基金、信用服务等业态，以求更加全面地刻画数字普惠金融的发展水平。

4.1.2　衡量指标体系内容

本书主要依照全球普惠金融合作伙伴（GPFI，2016）的普惠金融指标体系和北京大学互联网金融研究中心的“北京大学数字普惠金融指数”，从覆盖广度（账户的覆盖率）、使用深度（支付业务、货币基金业务、信贷业务、保险业务、投资业务、信用业务）和数字化程度（移动化、实惠化、信用化、便利化）三个一级维度，构建相应的衡量指标体系。在数字普惠金融衡量体系中，着重突出了数字支持程度，这是区别于传统普惠金融的地方。具体指标如表 4 - 1 所示，而数字普惠金融指标体系框架则如图 4 - 1 所示。

表 4 - 1　　数字普惠金融指标体系

一级维度	二级维度	具体指标
覆盖广度	账户覆盖率	每万人拥有支付宝账号数量
		支付宝绑卡用户比例
		平均每个支付宝账号绑定银行卡数
使用深度	支付业务	人均支付笔数
		人均支付金额
		高频度（年活跃 50 次及以上）活跃用户占年活跃 1 次及以上比
	货币基金业务	人均购买余额宝笔数
		人均购买余额宝金额
		每万支付宝用户购买余额宝的人数

续表

一级维度	二级维度		具体指标
使用深度	信贷业务	个人消费贷	每万支付宝成年用户中有互联网消费贷的用户数
			人均贷款笔数
			人均贷款金额
		小微经营者	每万支付宝成年用户中有互联网小微经营贷的用户数
			小微经营者户均贷款笔数
			小微经营者平均贷款金额
	保险业务		每万支付宝用户中被保险用户数
			人均保险笔数
			人均保险金额
	投资业务		每万人支付宝用户中参与互联网投资理财人数
			人均投资笔数
			人均投资金额
	信用业务		自然人信用人均调用次数
			每万支付宝用户中使用基于信用的服务用户数（包括金额、住宿、出行、社交等）
数字化程度	移动化		移动支付笔数占比
			移动支付金额占比
	实惠化		小微经营者平均贷款利率
			个人平均贷款利率
	信用化		花呗支付笔数占比
			花呗支付金额占比
			芝麻信用免押笔数占比（较全部需要押金情形）
			芝麻信用免押金额占比（较全部需要押金情形）
	便利化		用户二维码支付的笔数占比
			用户二维码支付的金额占比

在数字金融覆盖广度方面，不同于传统金融机构触达用户的直接体现为“金融机构网点数”和“金融服务人员数”，在基于互联网的数字金融模式下，由于互联网天然不受地域限制，数字金融服务供给在多大程度上能保证用户得到相应服务是通过电子账户数体现的。此

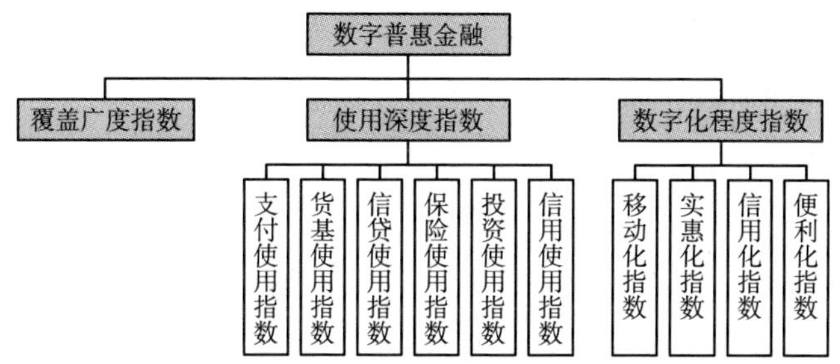

图 4-1　数字普惠金融衡量指标体系框架

外，根据金融监管部门的规定，第三方支付的账户如果不绑定银行卡，就只具备小额转账的功能，其价值将大大受限。因此绑定银行卡的第三方支付账户，才是真正有效的第三方支付账户，即实现了对这个用户真正的覆盖。特别是随着第三方支付功能越来越丰富，第三方支付已经成为重要的理财、融资通道，因此绑定的银行卡数量越多，其理财、转账的覆盖面就越广，对这个账户所有人的金融服务覆盖面就越广，因此一个账户绑定多少银行卡数量也成为数字金融覆盖广度的一个子指标。

在数字金融使用深度方面，本书主要从实际使用数字金融服务的情况来衡量。就金融服务类型而言，则包括支付服务、货币基金服务、信贷服务、保险服务、投资服务和信用服务。从使用情况来看，既包括实际使用总量指标（每万支付宝用户数中使用这些服务的人数），也包括使用活跃度指标（人均交易笔数、人均交易金额）。

在普惠金融数字化程度方面，便利性、低成本和信用化等都是影响用户使用数字金融服务的主要因素，这切实体现了数字金融服务的低成本和低门槛优势，因此普惠金融数字化程度也成为数字普惠金融指标体系的重要组成部分。具体而言，数字金融服务越便利（如移动支付笔数占总支付笔数的比例高）、成本越低（如消费贷和小微企业贷利率低）、信用化程度越高（如免押金支付笔数占总支付笔数比例高），则意味着数字普惠金融的价值就得到更好的体现。

4.1.3 指数计算方法

数字普惠金融不同维度的指标虽然都包含数字普惠金融某些方面的有用信息，但如果单独使用某一个指标或者某一维度指标，又可能会导致对数字普惠金融现状的片面解读，因此，可以参考传统普惠金融指数编制的方法，将数字普惠金融的多个指标合成一个数字普惠金融指数。不少机构和学者都在编制普惠金融指数方面进行了诸多努力和尝试，为我们提供了非常好的借鉴（Sarma，2012；焦瑾璞等，2015；陈银娥等，2015；邹伟，2018；北京大学数字金融研究中心，2016，2020；刘亦文等，2018）。

1. 指标无量纲化方法

从表4-1可以看出，各指标性质不同、计量单位不同。为了便于后面的数据整理和计量，本书首先对各数字普惠金融指标进行无量纲化处理。

无量纲化函数的选取，一般要求严格单调、取值区间明确、结果直观、意义明确、不受指标正向或逆向形式的影响。现有文献一般都采用功效函数的方法。在功效函数多指标综合评价体系中，常见的功效函数很多，有线性功效函数法（或称传统功效函数法）、指数型功效函数法、对数型功效函数法、幂函数型功效函数法等。结合数字金融快速扩张的特点，为缓解极端值的影响，保持指数的平稳性，本书参照了北京大学数字金融研究中心（2020）的对数型功效函数法。具体而言，对数功效函数的公式如下：

$$d = \frac{\log x - \log x^{l}}{\log x^{h} - \log x^{l}} \times 100 \tag{4.1}$$

为了便于今后对各地区数字普惠金融发展水平同时进行横向和纵向比较，我们作了如下处理：首先，对于正向指标，取固定2011年各地区指标数据实际值的95%分位数为上限 x^{h}，5%分位数为下限

x^l；其次，对于逆向指标，取固定 2011 年各地区指标数据实际值的 5% 分位数为 x^h，95% 分位数为 x^l；最后，为了平滑指数，避免种种原因导致极端值的出现，我们对超过指标上限的地区进行“缩尾”处理，即如当某地区基准年（2011 年）的指标值超过该指标的上限 x^h 时，则令该地区 2011 年指标值为上限值 x^h，当某地区 2011 年的指标值小于其下限 x^l 时，则令该地区 2011 年指标值为其下限值 x^l。

根据上述方法，我们就可以计算出某年某地区某指标无量纲化后的数值，在基准年（2011 年），每个相应指标的无量纲化数值得分区间在 0 和 100 之间，得分越高的地区，相应指标的发展水平就越高。基准年之后年份的数据，指标的功效分值有可能小于 0 或大于 100。

2. 层次分析法

指标无量纲化之后的任务就是确定不同指标合成时的权重。确定权重的方法有很多，根据计算权重时原始数据的来源不同，大体上可分为主观赋权法和客观赋权法两大类。主观赋权法主要由专家根据经验主观判断而得到，如 Delphi 法、层次分析法（Analytic Hierarchy Process）等；客观赋权法主要是依据各指标的具体数值计算而得到，它不依赖于人的主观判断，因此客观性较强，但不能反映决策者的主观要求，常见方法包括主成分分析法、变异系数法等。主观赋权法和客观赋权法各有优劣，本书采用主观赋权与客观赋权相结合的方法来确定权重。具体而言，先利用变异系数法求各具体指标对上一层准则层的权重，再通过层次分析法求各准则层指标对上层目标的权重，最后求得总指数。

变异系数法定权重的基本思路是：根据各个指标在所有评价对象上观测值的变异程度大小，对其进行赋权，如果一项指标的变异系数较大，那么说明这个指标在衡量该对象的差异上具有较大的解释力，则这个指标就应该赋予较大的权重。

层次分析法是一种系统分析与决策的综合评价方法，它较合理地解决了定性问题定量化的处理过程。“数字普惠金融体系”层面下的三个维度，我们认为数字金融覆盖广度是前提条件，使用深度代表实际使用情况，它们是“普”的体现，而数字化程度可以被看作是潜在条件，是“惠”的体现。因此，根据这三者的相对重要性，我们构建了如表 4 – 2 所示的判断矩阵。

表 4 – 2　数字普惠金融体系判断矩阵

	覆盖广度	使用深度	数字化程度
覆盖广度	1	2	3
使用深度	1/2	1	2
数字化程度	1/3	1/2	1

覆盖广度只有一个衡量指标——账户覆盖率，无须进行层次分析。对于“使用深度”层面下的 6 个金融业务维度，则按照金融服务的门槛（复杂性和风险性）和普及程度作为判断标准，普及程度越高门槛越低的业务权重越低，相反则越高。据此，得到如表 4 – 3 所示的判断矩阵。

表 4 – 3　使用深度的判断矩阵

	支付	货基	信用	保险	投资	信贷
支付	1	1/2	1/3	1/4	1/5	1/6
货基	2	1	1/2	1/3	1/4	1/5
信用	3	2	1	1/2	1/3	1/4
保险	4	3	2	1	1/2	1/3
投资	5	4	3	2	1	1/2
信贷	6	5	4	3	2	1

对于“数字化程度”层面下的 4 个维度，按照其对实际生活影响的重要性和业务成熟程度作为判断标准，业务越不成熟、对实际生活影响越小的业务权重越低，相反则越高。据此，得到如表 4 – 4 所示的判断矩阵。

表 4－4　　数字化程度的判断矩阵

	信用化	便利化	实惠化	移动化
信用化	1	1/2	1/3	1/4
便利化	2	1	1/2	1/3
实惠化	3	2	1	1/2
移动化	4	3	2	1

最后，运用判断矩阵确定各指标权重，实际上是构造判断矩阵的特征向量。通过求解正互反矩阵的最大特征值，可求得相应的特征向量，经归一化后即为权重向量。最后将通过一致性检验的判断矩阵最大特征值所对应的特征向量进行归一化即可得到该层各因素对上层因素的权重大小。三个判断矩阵对应的权重向量如表 4－5 所示。

表 4－5　　数字普惠金融各维度的权重向量

三大维度		具体业务维度		
类别	所占权重（%）	类别	所占权重（%）	权重合计（%）
覆盖广度	54.0	账户覆盖率	100	100
使用深度	29.7	支付	4.3	100
		货基	6.4	
		信用	10.0	
		保险	16.0	
		投资	25.0	
		信贷	38.3	
数字化程度	16.3	信用化	9.5	100
		便利化	16.0	
		实惠化	24.8	
		移动化	49.7	

3. 指数合成方法

在完成指标无量纲化处理和确定指标权重后，可以进行指数合成。可用于合成的数学方法很多，常见的合成模型有加权算术平均合成模型、加权几何平均合成模型，或者加权算术平均和加权几何平均联合使用的混合合成模型。在综合比较了三种合成方法之后，本书选用了算术平均合成模型，其中主要考虑到该方法的以下特点：在根据对数功效函数计算各指标得分时，各年都以 2011 年相应指标值的上下限为比较基准，因此，指标无量纲得分有可能为 0 或负数，为避免最终加权汇总指数值为 0，应采取算术加权平均法。

具体指数合成时，是由下往上逐层汇总而成的，先计算各层分组指数，然后由各层分组指数加权汇总得到综合指数。例如，在计算数字金融的使用深度指数时，由于六块金融业务开始产生的时间不一致，需要逐步纳入指数中，为保证指数的稳定性，此时通过权重归一化使各块业务之间的相对权重保持一致。如 2012 年只有支付、信贷和保险三项业务，三项业务的权重分别为：

支付权重 =4%/(4% +16% +38%) =7.3%

保险权重 =16%/(4% +16% +38%) =27.3%

信贷权重 =38%/(4% +16% +38%) =65.4%

当 2013 年开始有互联网货币基金业务时，则相对权重就调整为支付、信贷、保险和货基四项业务权重归一化。其他新出现的业务依此类推。通过逐层算数加权平均合成模型即可计算出最终的数字普惠金融指数。

4.2 我国各地数字普惠金融的发展水平测度和差异分析

根据前面阐述的数字普惠金融指数的指标体系和指数编制方法，我们对中国 31 个省区市的数字普惠金融指数进行测度，时间跨度为 2011 ~2018 年。在数字普惠金融总指数基础上，我们还编制了数字金融覆盖广度指数、数字金融使用深度指数和普惠金融数字化程度指数，以及数字金融使用深度指数下属的支付、保险、货币基金、信用服务、投资、信贷等各个业务的分类指数。

4.2.1　我国各省区市数字普惠金融指数

2011 ~ 2018 年中国 31 个省区市的数字普惠金融指数如表 4 - 6 所示，而各省区市指数逐年均值和中位值如图 4 - 2 所示。

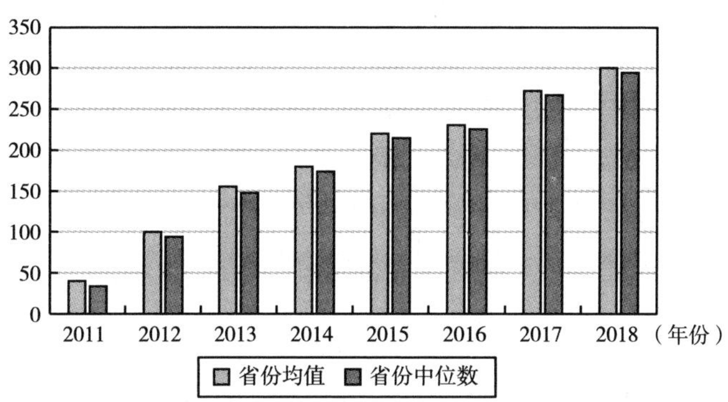

图 4 - 2　数字普惠金融指数的省级年度发展情况

我们对表 4 - 6 简单分析如下：从纵向来看，我国数字普惠金融总体上呈现快速、持续增长的趋势，各省区市的数字普惠金融指数中位数从 2011 年的 33.58 增长到 2018 年的 294.3，8 年增长了 8.76 倍。从图 4 - 2 可以更为直观地看出，不论是根据均值还是中位值，中国的数字普惠金融业务在 2011 ~ 2018 年实现了跨越式发展，数字普惠金融指数中位数平均每年增长 36.4%，中国数字普惠金融快速的增长趋势由此可见一斑。从横向来看，各省区市的数字普惠金融指数存在较大差异，以 2018 年为例，数字普惠金融指数超过 350 的有上海（377.73）、北京（368.54）、浙江（357.45）等三个省区，其中最高的上海为 377.73，数字普惠金融指数低于 280 的有内蒙古（271.57）、吉林（276.08）、黑龙江（274.73）、贵州（276.91）、西藏（274.33）、甘肃（266.82）、青海（263.12）、宁夏（272.92）、新疆（271.84）共 9 个省区，其中最低的是青海，为

263.12。从分指数来看，2011～2018年，普惠金融数字化程度指数增长最快，数字金融覆盖广度指数次之，数字金融使用深度指数增速最慢。

表4－6　　2011～2018年省级数字普惠金融指数

年份	2011	2012	2013	2014	2015	2016	2017	2018
北京	79.41	150.65	215.62	235.36	276.38	286.37	329.94	368.54
天津	60.58	122.96	175.26	200.16	237.53	245.84	284.03	316.88
河北	32.42	89.32	144.98	160.76	199.53	214.36	258.17	282.77
山西	33.41	92.98	144.22	167.66	206.3	224.81	259.95	283.65
内蒙古	28.89	91.68	146.59	172.56	214.55	229.93	258.5	271.57
辽宁	43.29	103.53	160.07	187.61	226.4	231.41	267.18	290.95
吉林	24.51	87.23	138.36	165.62	208.2	217.07	254.76	276.08
黑龙江	33.58	87.91	141.4	167.8	209.93	221.89	256.78	274.73
上海	80.19	150.77	222.14	239.53	278.11	282.22	336.65	377.73
江苏	62.08	122.03	180.98	204.16	244.01	253.75	297.69	334.02
浙江	77.39	146.35	205.77	224.45	264.85	268.1	318.05	357.45
安徽	33.07	96.63	150.83	180.59	211.28	228.78	271.6	303.83
福建	61.76	123.21	183.1	202.59	245.21	252.67	299.28	334.44
江西	29.74	91.93	146.13	175.69	208.35	223.76	267.17	296.23
山东	38.55	100.35	159.3	181.88	220.66	232.57	272.06	301.13
河南	28.4	83.68	142.08	166.65	205.34	223.12	266.92	295.76
湖北	39.82	101.42	164.76	190.14	226.75	239.86	285.28	319.48
湖南	32.68	93.71	147.71	167.27	206.38	217.69	261.12	286.81
广东	69.48	127.06	184.78	201.53	240.95	248	296.17	331.92
广西	33.89	89.35	141.46	166.12	207.23	223.32	261.94	289.25
海南	45.56	102.94	158.26	179.62	230.33	231.56	275.64	309.72
重庆	41.89	100.02	159.86	184.71	221.84	233.89	276.31	301.53
四川	40.16	100.13	153.04	173.82	215.48	225.41	267.8	294.3
贵州	18.47	75.87	121.22	154.62	193.29	209.45	251.46	276.91
云南	24.91	84.43	137.9	164.05	203.76	217.34	256.27	285.79
西藏	16.22	68.53	115.1	143.91	186.38	204.73	245.57	274.33

续表

年份	2011	2012	2013	2014	2015	2016	2017	2018
陕西	40.96	98.24	148.37	178.73	216.12	229.37	266.85	295.95
甘肃	18.84	76.29	128.39	159.76	199.78	204.11	243.78	266.82
青海	18.33	61.47	118.01	145.93	195.15	200.38	240.2	263.12
宁夏	31.31	87.13	136.74	165.26	214.7	212.36	255.59	272.92
新疆	20.34	82.45	143.4	163.67	205.49	208.72	248.69	271.84
均值	40	99.69	155.35	179.75	220.01	230.41	271.98	300.21
中位数	33.58	93.71	147.71	173.82	214.55	225.41	266.92	294.3

4.2.2 中国数字普惠金融指数的分地区分析

根据《中国卫生统计年鉴》的标准，本书把 31 个省区市分为三大地区：东部地区包括北京、天津、河北、辽宁、上海、江苏、浙江、福建、山东、广东、海南 11 个省市；中部地区包括黑龙江、吉林、山西、安徽、江西、河南、湖北、湖南 8 个省，西部地区包括内蒙古、广西、重庆、四川、贵州、云南、西藏、陕西、甘肃、青海、宁夏、新疆 12 个省区市。各地区的数字普惠金融指数发展情况如图 4－3 所示。

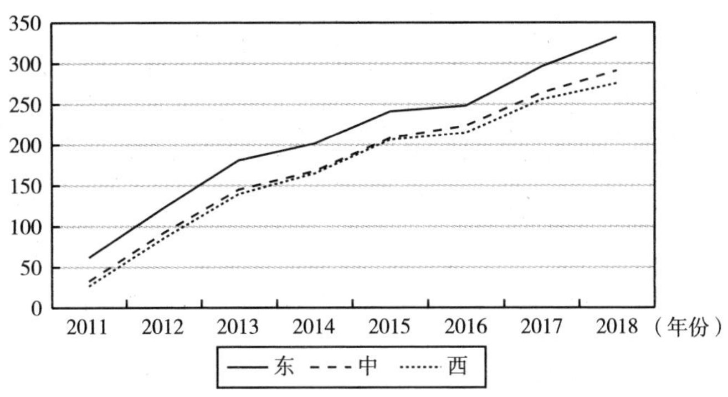

图 4－3　各地区的数字普惠金融指数中位数（2011～2018 年）

从图 4－3 可以看出，东、中、西各地区数字普惠金融指数均呈稳定快速增长的趋势，且呈现东、中、西地区依次降低的特点。我们分区域层面具体分析数字普惠金融指数的差异：首先，东、中、西各地区数字普惠金融都有了快速发展，在曲线上都表现出明显的上升趋势；其次，各地区数字普惠金融发展水平仍有较大差异，以 2018 年数字普惠金融指数为例，东部的中位数为 331.92，中部为 291.28，西部为 275.62，且数字普惠金融指数排名前十的地区中，东部地区占据 7 个；最后，从发展速度来看，中西部地区的数字普惠金融发展更快，区域之间的差异在变小。

4.2.3 中国数字普惠金融发展的地区收敛性

如前所述，中国的数字普惠金融增长与中国大多数经济特征一样，然而数字普惠金融发展程度在地区间仍然存在一定的差异。图 4－4 反映了各省区市数字普惠金融指数的分布情况。

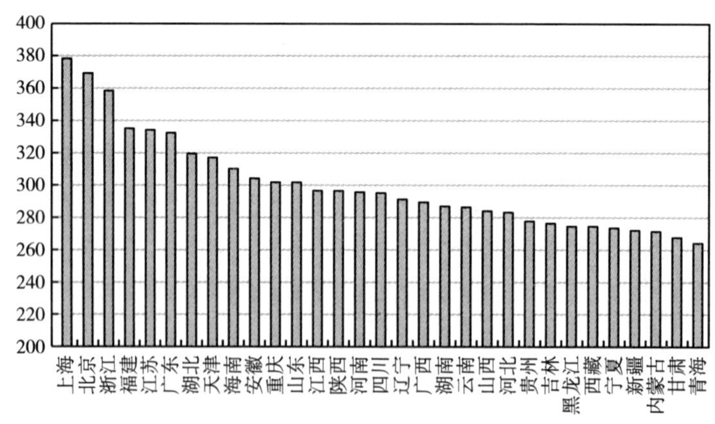

图 4－4　数字普惠金融指数的省际分布（2018 年）

从图 4－4 可以看出，尽管存在省际差异，但数字普惠金融指数的差距并不算太大，数字普惠金融指数得分最高的上海（377.73）是得分最低的青海（263.12）的 1.4 倍，而在 2011 年，数字普惠金融指数得分最高的上海（80.19）是得分最低的西藏（16.22）的 4.94 倍，可见数字普惠金融发展程度的差异在不断缩小。我们再来看一些相似指标：根据 2017 年的社会融资规模计算得到的人均社会融资规模增量，最高的上海是最低的吉林的 8.4 倍；根据 2019 年的人均 GDP 计算，最高的北京是最低的山西的 3.54 倍。这些对比都说明相对于传统金融和经济指标，借助于互联网技术和渠道，数字普惠金融具有更好的地理穿透性，形成了更广泛的普惠金融覆盖度。

通过图表分析可以看出，数字普惠金融的省际差距比传统金融小，但我们更关注的是数字普惠金融的地区差距是否能随着时间而进一步缩小。若数字普惠金融在地区间差异能逐步缩小，则即便落后地区在期初相对落后，但后面也有追赶上的可能，不至于“输在起跑线上”。为了更严谨地论证地区数字普惠金融发展差距的时间趋势，我们借助经济学中关于地区经济收敛性的 σ 收敛模型进行验证。σ 收敛反映的是地区数字普惠金融偏离整体平均水平的差异以及这种差异的动态过程，即如果这种差异越来越小，则可以认为地区数字普惠金融存在收敛性。具体而言，σ 收敛模型可以定义为：

$$\sigma_t = \sqrt{\frac{1}{n}\sum_{i=1}^{n}\left(\text{lnindex}_{it} - \frac{1}{n}\sum_{i=1}^{n}\text{lnindex}_{it}\right)^2} \tag{4.2}$$

其中，i 代表地区（省、直辖市、自治区等），n 代表地区数量，t 代表年份，lnindex_{it}代表 t 年 i 地区的数字普惠金融指数对数值，σ_t 代表 t 年时数字普惠金融指数的 σ 收敛检验系数。如果 $\sigma_{t+1} < \sigma_t$，则可以认为 t + 1 年的数字普惠金融较 t 年更趋收敛。

图 4 - 5 汇报了 2011 ~ 2018 年省级和城市级数字普惠金融指数的逐年 σ 收敛系数，从中可以看出，中国地区数字普惠金融的确有非常明显的收敛趋势。具体来看，中国省级和城市级数字普惠金融指数的 σ 收敛系数分别从 2011 年的 0.44 和 0.34 下降到 2017 年的 0.08 和 0.09，但 2018 年则略有反弹，省级和城市级数字普惠金融指数的 σ 收敛系数分别为 0.09 和 0.10。从分类指数来看，2018 年数字普惠

金融地区收敛性反弹的主要原因出在使用深度指数和数字化程度指数上，数字金融覆盖广度指数收敛系数继续下降。

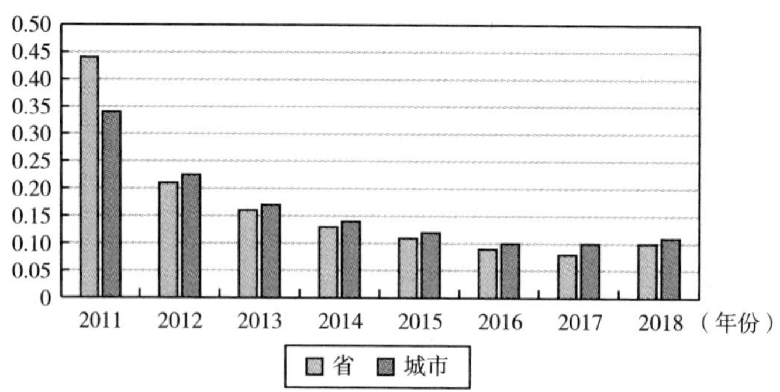

图4－5　省级和城市级数字普惠金融σ收敛系数（2011～2018年）

4.3　本章小结

总之，本章主要依据北京大学数字金融研究中心的“北京大学数字普惠金融指数”，从覆盖面、深度和数字化程度三个维度，构建相应的衡量指标体系，并对我国31个省区市的数字普惠金融发展水平进行测度。结果发现：首先，中国数字普惠金融2011～2018年实现了跨越式发展，而且数字金融使用深度的增长开始逐步成为数字普惠金融指数增长的重要驱动力，中国的数字普惠金融已经走过了粗放式的“圈地”时代，进入了深度拓展的新阶段、新时代；其次，各地区数字普惠金融发展呈现从东到西依次降低的趋势，区域间存在较大的差异，但从发展速度来看，中西部地区的数字普惠金融发展更快，区域之间的差异在变小；最后，中国数字普惠金融的发展表现出很强的地区收敛性，不同地区数字普惠金融发展差距总体上大幅缩小，数字普惠金融为经济落后地区实现普惠金融赶超提供了可能，并为广大中低收入者和弱势群体获得覆盖更广、使用深度更大的金融服务奠定了基础，进而有助于缓解中国经济发展中存在的不平衡问题。

第5章 数字普惠金融影响中小企业融资约束的实证研究

本章首先对数字普惠金融发展缓解中小企业融资约束的作用机理进行理论分析，并在数字普惠金融发展水平测度的基础上，验证数字普惠金融和中小企业融资约束的关系，验证数字普惠金融对融资约束影响的异质性。

5.1 理论分析和研究假设

5.1.1 数字普惠金融与中小企业融资约束

大数据、云计算以及移动互联网等数字技术推动我国普惠金融领域不断创新发展，大大降低了金融机构的经营成本，金融服务覆盖范围的延伸有助于增强触达能力；数字技术的应用打破了传统金融服务的诸多限制，提高了金融服务的可获得性，促使金融服务需求向“尾部”客户群体移动；信息搜集与处理的高效便捷等众多优势有效缓解信息不对称问题，增强金融风险识别能力，尾部市场的征信基础在借贷风险的有效控制下得到改善，进而降低市场交易成本，提升金融服务效率。以数字技术为基础的数字普惠金融和互联网金融在这四个维度的耦合作用下抓住普惠群体，充分发挥“长尾效应”，通过拓宽融资渠道、降低融资成本和提高融资效率等途径缓解中小企业的融资约束（见图5－1）。

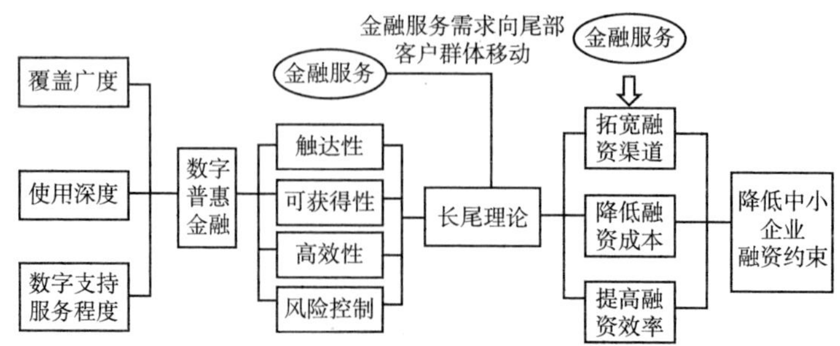

图5－1 数字普惠金融降低中小企业融资约束的作用机理

第一，拓宽融资渠道。受发展规模小、资质担保差、经营与信用记录不完善、信息不对称严重等诸多因素的限制，中小企业往往被排斥在正规金融服务门槛之外。就国有商业银行等传统金融机构而言，其更愿意将贷款资金投向于大型企业，而对中小企业的放贷意愿较为低迷。与传统金融相比，普惠金融能够以可负担的成本为有金融服务需求的特殊群体（如中小微企业、中低收入阶层等）提供适当的、有效的金融服务。数字普惠金融和互联网金融是在普惠金融发展的基础上，应用数字技术对传统金融产品和商业模式等进行数字创新，能够打破传统金融服务的诸多限制，拓展了普惠金融的服务广度和使用深度。P2P 网贷、小额信贷、第三方支付、众筹融资以及新型的融资平台等多渠道、多样化的金融服务能够极大地降低中小企业的融资门槛，进而缓解中小企业的融资约束。

第二，降低融资成本。为降低自身风险和信贷坏账的发生，传统金融机构通常会对中小企业的信贷资格进行严格审查，产生大量的审查费用。为弥补损失，通过上浮信贷利率将审查费用转嫁给中小企业也就成为商业银行的常用手段，即便那些能获得相应贷款的中小企业，其使用成本也非常高昂，由此导致中小企业的贷款成本不断提升。此外，传统金融机构提供金融服务所依赖的营业网点、人工服务等都需要成本，服务范围的扩大使提供金融服务的成本和难度都会增加。数字普惠金融和互联网金融改变了原有的服务提供方式，以信贷为例，P2P 网贷平台通过互联网、手机等就可以实现在线信用贷款，信贷服务更加便捷，服务成本明显下降。蚂蚁金服发布的数据表明，云计算的成本仅仅是传统 IT 服务成本的十分之一，可见将数字技术应用到普惠金融领域能大大降低金融服务的成本，使为中小企业提供金融服务成为可能。更为重要的是，数字普惠金融和互联网金融信息收集与处理的独有优势能够更好地发挥信息筛选和风险甄别功能，有效降低了中小企业的信息不对称程度，交易成本减少有利于降低中小企业的外部融资成本，进而缓解中小企业的融资约束。

第三，提高融资效率。与传统金融相比，数字普惠金融和互联网金融通过云计算、大数据以及移动互联网等数字技术可以及时、快速、高效地挖掘和收集客户的征信数据，有助于全面地了解中小企业的经营情况和信用等级，能够提升信贷资金的配置效率和服务质量。基于互联网信息的客户征信体系可以简化信贷审查程序，缩短信贷审核时间，进而降低资信评估、线下审核以及风险管理的成本，使中小企业能够更加高效、便捷、低成本地获得金融服务，融资效率的提升缓解了中小企业的融资约束。

基于以上分析，提出假设 H5 - 1：数字普惠金融有助于缓解中小企业的融资约束。

5.1.2 数字普惠金融与不同所有制中小企业的融资约束

中国特殊的制度背景和金融市场环境使政府在资源配置中发挥重大作用。在传统金融市场中，实际控制人性质和政治关系背景对于企业能否获得融资支持十分关键，民营中小企业往往在融资过程中面临严重的“所有制歧视”。因此，对于不同控制权性质的中小企业而言，普惠金融的创新发展对其融资约束的缓解效果是不同的，异质性差异主要体现为以下三个方面。

第一，国有和民营中小企业的信息不对称程度不同。一方面，与国有中小企业相比，民营中小企业的财务状况和信息透明度不高，可信性相对较差；另一方面，传统金融机构更倾向于与国有中小企业保持长期紧密的合作关系，容易获取较多国有企业的信息，但与民营企业的业务往来较为匮乏，薄弱的银企关系无法积累民营中小企业足够多的软信息。因此，民营中小企业的信息不对称问题相较于国有中小企业而言更为严重。以数字技术应用为基础的数字普惠金融和互联网金融能够及时、快速、高效地挖掘和收集客户的征信数据，通过有效提高信息透明度降低中小企业的信息不对称程度，从而缓解中小企业的融资约束。因此，可以预期普惠金融的创新发展对信息不对称程度更高的民营中小企业融资约束的缓解作用更为明显。

第二，国有和民营中小企业对数字普惠金融和互联网金融的适应程度和资金需求程度不同。一方面，国有产权以及政治关系是国有企业融资过程中十分重要的信用替代机制，数字普惠金融和互联网金融的发展会对这种替代性融资机制产生一定影响，但由于国有企业自身制度不够灵活，管理又缺乏弹性，难以适应融资机制的变化会减弱普惠金融创新对其融资约束的缓解效果；另一方面，数字普惠金融和互联网金融的显著特点就是灵活便捷、体量较小，能更好地适应民营中小企业资金需求量小但频率高的融资需求。与之相比，国有企业的资金需求量相对较大，往往更倾向于从政府机构或大型商业银行等正规金融渠道获取所需的信贷资金，而这些信贷需求以往就能被很好地满足。因此，普惠金融的创新发展对民营中小企业融资约束的缓解效果更好。

第三，国有和民营中小企业对数字普惠金融和互联网金融的依赖程度不同。国有企业能够利用良好的银企关系或政治关系获得一定程度的信贷倾斜，并获得所需资金用以缓解融资需求，从而对政府机构或国有银行等正规金融渠道有更高的依赖度。但对于不具备上述优势的民营企业而言，严重的“所有制歧视”导致民营企业在传统金融市场中面临更强的融资约束，通过正规金融渠道获得信贷资金更加困难，迫使民营企业通过互联网渠道寻求资金支持的愿望更为强烈，依赖程度也更高。因此，数字普惠金融和互联网金融能够给予依赖度更高的民营中小企业提供更多的资金支持，从而对其融资约束的缓解作用更为明显。

综上所述，提出假设 H5 -2：相较于国有中小企业，数字普惠金融对民营中小企业融资约束的缓解作用更为明显。

5.1.3　数字普惠金融与高新技术企业融资

高新技术企业作为技术密集型、知识密集型企业，其成功的研发创新活动会带来较高的社会效益和经济效益。但是，高新技术企业的研发创新活动需要较为庞大的资金投入，而企业内部资金难以满足这一资金需求，于是需要求助于外部融资。与此同时，高新技术企业往往发展历史较短，经营风险较高，未来的企业价值和成长前景具有较大的不确定性，在对其信贷申请进行审核时，金融机构需要补充和综合考虑更多关于企业未来发展前景的信息，使金融机构对其风险控制更为严格。数字普惠金融的发展是建立在物联网、云计算、大数据等新兴技术基础上的，能够更快更广泛地收集关于高新技术中小企业未来的企业价值和成长前景的信息，从而做出更为准确的评估和预测，金融机构可以据此为其提供精准的个性化服务，使高新技术中小企业更容易获得信贷支持，进而缓解融资约束。

根据以上分析，提出假设 H5 - 3：在其他条件不变的情况下，相比非高新技术中小企业，数字普惠金融发展更能显著缓解高新技术中小企业面临的融资约束。

5.2 模型设计和指标选取

5.2.1 模型设定

在实证研究中，企业外部融资约束分析主要涉及投资 - 现金流敏感性模型和现金 - 现金流敏感性模型。Fazzari 等 (1988)[①] 率先提出投资 - 现金流敏感性模型，然而该模型本身存在一定的局限性，托宾 Q 衡量偏误以及投资 - 现金流敏感性动因识别问题导致投资 - 现金流敏感度并不能真实地反映企业所面临的融资约束。连玉君等 (2007)[②] 基

① Fazzarism S. M., Hubbard R. G., Petersen B. C., Financing constraints and corporate investment [J]. Brookings papers on economic activity, 1988 (1): 141 - 206.

② 连玉君，程建．投资—现金流敏感性：融资约束还是代理成本 [J]．财经研究，2007 (2): 37 - 46.

于中国上市公司数据的实证研究印证了这一论断，并发现即使控制了托宾 Q 的衡量偏误，委托代理引致的企业过度投资问题也可能导致融资约束较轻的公司反而表现出较强的投资 - 现金流敏感性。鉴于此，Almeida 等（2004）[①] 另辟蹊径，提出现金 - 现金流敏感性模型，认为当存在融资约束时，企业出于预防性动机将通过经营活动现金流的适当留存为未来投资项目积累内部资金，即企业现金持有量的变化与现金流的正向关联是企业存在外部融资约束的证据。连玉君等（2008）[②] 基于中国的经验研究表明，使用现金 - 现金流敏感性模型分析中国上市公司的融资约束问题是合理有效的，此后该模型在企业融资约束相关研究中得到广泛应用。因此，本书经验研究的分析框架采用现金 - 现金流敏感性模型，并在此基础上进行一系列的稳健性分析[③]。

首先，本书借鉴 Almeida 等（2004）的分析框架，设定基准模型如下：

$$\Delta Cash_{it} = \beta_0 + \beta_1 CF_{it} + \beta_2 Grow_{it} + \beta_3 Size_{it} + \beta_4 \Delta NWC_{it} + \beta_5 \Delta SD_{it} + \beta_6 Expend_{it} + year + SOE + High - tech + \varepsilon_{it} \tag{5.1}$$

其中，ΔCash 表示企业现金持有量的变动；CF 表示现金流；Grow 反映企业成长能力；Size 为企业规模；ΔNWC 表示企业非现金净营运资本的变动；SD 为企业短期债务变动；Expend 表示企业的长期资本支出；year、SOE 和 Hightech 分别代表年份、产权性质和高新技术企业属性，均为虚拟变量，用来控制时间效应和公司产权特征、技术属性的影响；ε 为误差扰动项；i 和 t 分别代表企业和时间。当企业存在融资约束时，预期 β_1 的估计值显著为正。

---

① Almeida H, Campello M, Weisbach M S, The cash flow sensitivity of cash [J]. Journal of finance, 2004, 59 (4): 1777 - 1804.

② 连玉君，苏治，丁志国. 现金 - 现金流敏感性能检验融资约束假说吗 [J]. 统计研究，2008 (10): 92 - 99.

③ 本部分主要参考梁榜，张建华. 中国普惠金融创新能否缓解中小企业的融资约束 [J]. 中国科技论坛，2018 (11): 94 - 105.

为了考察数字普惠金融对中小企业融资约束的影响，本书参考Khurana等[①]（2006）的研究，在基准模型中分别加入数字普惠金融、互联网金融与企业现金流的交互项，得到以下扩展模型：

$$\Delta Cash_{it} = \beta_0 + \beta_1 CF_{it} + \phi CF_{it} \times DIFI_{it} + \beta_2 Grow_{it} + \beta_3 Size_{it} + \beta_4 \Delta NWC_{it} + \beta_5 \Delta SD_{it} + \beta_6 Expend_{it} + year + SOE + High - tech + \varepsilon_{it} \quad (5.2)$$

其中，DIFI是数字普惠金融指数，交互项CF×DIFI用以考察数字普惠金融对融资约束的影响。

$$\Delta QCash_{it} = \beta_0 + \beta_1 QCF_{it} + \phi QCF_{it} \times DIFI_{it} + \beta_2 QGrow_{it} + \beta_3 QSize_{it} + \beta_4 \Delta QNWC_{it} + \beta_5 \Delta QSD_{it} + \beta_6 QExpend_{it} + Quarter + SOE + High - tech + \varepsilon_{it} \quad (5.3)$$

其中，各变量指标对应的是季度数据，交互项QCF×DIFI同样用以考察数字普惠金融对融资约束的影响。

此外，作为初步的稳健性检验，本章还同时比较数字普惠金融的不同维度（覆盖广度、使用深度和数字支持服务）对中小企业融资约束的影响。根据前面假设，如果扩展模型5.2和模型5.3中的φ系数都显著为负，表明数字普惠金融能显著降低企业的现金-现金流敏感性，有助于缓解中小企业的融资约束。

在扩展模型中，除了直接加入当期DIFI、DIFI与CF的交互项进行估计外，本章还进一步改进研究设计重新估计了使用滞后一期的DIFI指标以及与CF交互项的扩展模型以控制可能存在的内生性问题，作为稳健性分析。稳健性检验所对应的实证模型如下：

$$\Delta Cash_{it} = \beta_0 + \beta_1 CF_{it} + \phi_1 CF_{it} \times DIFI_{it-1} + \phi_2 DIFI_{it-1} + \beta_2 Grow_{it} + \beta_3 Size_{it} + \beta_4 \Delta NWC_{it} + \beta_5 \Delta SD_{it} + \beta_6 Expend_{it} + year + province + SOE + High - tech + \varepsilon_{it} \quad (5.4)$$

$$\Delta QCash_{it} = \beta_0 + \beta_1 QCF_{it} + \phi_1 QCF_{it} \times DIFI_{it-1} + \phi_2 DIFI_{it-1} + \beta_2 QGrow_{it} + \beta_3 QSize_{it} + \beta_4 \Delta QNWC_{it} + \beta_4 \Delta QSD_{it} + \beta_6 QExpend_{it} +$$

① Khurana I K, Martin X, Pereira R., Financial development and the cash flow sensitivity of cash [J]. Journal of financial & quantitative analysis, 2006, 41 (4): 787-807.

$$Quarter + province + SOE + High - tech + \varepsilon_{it} \quad (5.5)$$

其中，除了年份、季节、产权性质、技术属性等虚拟变量之外，本书进一步加入了省份虚拟变量，用来控制不同地区数字普惠金融发展水平和其他地域特征的差异；如果两个模型中的系数 $\phi 1$ 均显著为负，表明数字普惠金融能够缓解中小企业的融资约束。

5.2.2 指标选取

本书第 4 章已经根据北京大学数字普惠金融指数（2011～2018 年）进行修正，从覆盖广度、使用深度和数字支持服务程度三个维度出发，建立了数字普惠金融指数，并对 31 个省区市的数字普惠金融发展水平进行了测度，本部分的数字普惠金融指数也是取此数值。

此外，模型中使用的其他指标的变量定义和测度方法如表 5－1 所示。

表 5－1　　指标说明

符号	变量名称	变量定义
ΔCash	现金持有量变动	现金及现金等价物净增加额/期初总资产
CF	现金流量	经营活动现金流量净额/期初总资产
Grow	企业成长性	主营业务收入增长率
Size	企业规模	期末资产总额的自然对数
ΔNWC	净营运资本变动	非现金净营运资本增加额/期初总资产
ΔSD	短期负债变动	流动性负债增加额/期初总资产
Expend	资本支出	长期资产支出/期初总资产
SOE	产权性质	国有企业为 1，否则为 0
Hightech	技术属性	高新技术企业为 1，否则为 0
DIFI	数字普惠金融指数	数字普惠金融指数（2011～2018 年）
DCB	覆盖广度指数	同上
DUD	使用深度指数	同上
DSS	数字支持服务指数	同上

表5－1中，中小企业上市公司的财务数据均来自国泰安（CSMAR）数据库。为了保证数据的稳定性，数据处理过程中删除以下样本：①金融类上市公司；②财务数据缺失和所有者权益为负的公司；③＊ST、ST与PT类公司；④资产负债率大于1，即资不抵债的公司；⑤CF＞1和Expend＞1的异常值。最终得到的有效样本量为3319个公司年度数据和6595个公司季度数据，本章在此基础上对公司层面的连续变量在1%的水平上进行缩尾处理，描述性统计结果见表5－2。

表5－2　　变量的描述性统计

变量	样本数	均值	标准差	最小值	最大值
ΔCash	3319	-0.00216	0.137	-0.312	0.653
CF	3319	0.0503	0.0832	-0.226	0.275
Grow	3319	0.163	0.330	-0.430	1.911
Size	3319	21.59	0.810	19.96	24.06
ΔNWC	3319	0.0181	0.184	-0.361	0.931
ΔSD	3319	0.739	0.145	-0.230	0.756
Expend	3319	0.0822	0.0775	-0.00924	0.410
DIFI	3319	1.655	0.652	0.284	2.746
DCB	3319	1.480	0.624	0.135	2.684
DUD	3319	1.689	0.580	0.381	2.655
DSS	3319	2.168	1.160	0.157	4.191
SOE	3319	0.316	0.152	0	1
Hightech	3319	0.693	0.337	0	1
ΔQCash	3319	0.00370	0.0774	-0.210	0.372
QCF	3319	0.0111	0.0408	-0.107	0.156
QGrow	3319	0.0751	0.503	-0.912	2.557
QSize	3319	21.71	0.822	20.06	24.18
ΔQNWC	3319	0.00892	0.0835	-0.216	0.453
ΔQSD	3319	0.0135	0.0707	-0.199	0.344
QExpend	3319	0.0143	0.0176	-0.0151	0.0941

5.3　实证分析

本部分将对上述五个模型进行验证，以确定数字普惠金融能否缓解中小企业的融资约束，以及异质性影响。

5.3.1　数字普惠金融与中小企业融资约束

本书首先对基准模型 5.1 进行估计，回归过程中加入了企业规模、资本支出、短期负债变动等控制变量，以及年份、季节、产权性质虚拟变量和技术属性虚拟变量，然后分别对包含数字普惠金融与现金流交互项的扩展模型 5.2 和模型 5.3 进行估计。作为模型初步的稳健性检验，本书分别估计了数字普惠金融指数的三个不同维度（覆盖广度、使用深度及其数字支持服务程度）与现金流的交互项所对应的扩展模型，表 5－3 汇报了所有模型的估计结果。结果显示，所有模型中现金流（CF）的估计系数均显著为正，表明中小企业存在明显的现金－现金流敏感性，即面临显著的融资约束。可见，由于中小企业受信贷抵押品差、无形资产比重较高等诸多因素的限制，加上中小企业板股票市场还不完善，导致股票市场融资渠道对于上市中小企业融资约束的缓解作用还有待加强。

表 5－3　　数字普惠金融对中小企业融资约束的影响

变量	基准模型	数字普惠金融	覆盖广度	使用深度	数字支持服务	基准模型
CF	0.350*** (0.028)	0.512*** (0.061)	0.479*** (0.060)	0.579*** (0.065)	0.441*** (0.047)	0.514*** (0.025)
CF × DIFI		−0.102*** (0.036)				
CF × DCB			−0.090** (0.039)			

续表

变量	基准模型	数字普惠金融	覆盖广度	使用深度	数字支持服务	基准模型
CF × DUD				-0.141*** (0.038)		
CF × DSS					-0.045** (0.021)	
(Q) Grow	-0.062*** (0.009)	-0.062*** (0.009)	-0.062*** (0.009)	-0.063*** (0.009)	-0.062*** (0.009)	-0.011*** (0.002)
(Q) Size	0.0005 (0.002)	0.0005 (0.002)	0.0005 (0.002)	0.0004 (0.002)	0.0005 (0.002)	0.0003 (0.001)
Δ(Q) NWC	0.550*** (0.018)	0.550*** (0.018)	0.550*** (0.018)	0.551*** (0.018)	0.550*** (0.018)	0.571*** (0.017)
Δ(Q) SD	0.308*** (0.022)	0.310*** (0.022)	0.310*** (0.022)	0.310*** (0.022)	0.310*** (0.022)	0.330*** (0.018)
(Q) Expend	-0.014 (0.027)	-0.012 (0.027)	-0.013 (0.027)	-0.012 (0.027)	-0.012 (0.027)	-0.189*** (0.049)
_cons	-0.030 (0.045)	-0.036 (0.045)	-0.034 (0.045)	-0.040 (0.045)	-0.033 (0.045)	-0.020 (0.019)
Year	Yes	Yes	Yes	Yes	Yes	
Quarter						Yes
Industry	Yes	Yes	Yes	Yes	Yes	Yes
N	3319	3319	3319	3319	3319	6595
Adj. R^2	0.587	0.589	0.588	0.590	0.588	0.508

注：** 和 *** 分别代表在 5%、1% 的显著性水平下显著，括号内为标准误。

扩展模型的估计结果显示，数字普惠金融与现金流的交互项 CF × DIFI 的估计系数均显著为负，表明数字普惠金融有效降低了中小企业的现金-现金流敏感性，有助于缓解中小企业的外部融资约束。作为比较，覆盖广度、使用深度与数字支持服务程度与现金流的交互项的估计系数同样显著为负，均对中小企业融资约束具有缓解作用，提供了数字普惠金融发展与中小企业融资约束缓解具有稳健关系的证据。此外，企业成长性对应的回归系数显著为负，表明中小企业的成长能力越强，现金资产的持有成本越高，现金的持有量也就越少；ΔNWC 和 ΔSD 的估计系数显著为正，表明中小企业净营运资本和短期负债的提高会导致其现金持有量增加；Size 和 Expend 的估计系数符合预期但并不显著，表明资产规模和长期资本支出与企业持有现金资产并无必然关联。至此，表 5 - 3 的实证结果支持了假设 H5 - 1，即数字普惠金融有助于缓解中小企业的融资约束。

5.3.2　数字普惠金融影响中小企业融资约束的异质性分析

为了验证假设 H5 - 2，本章依据企业的实际控制人性质，将中小企业划分为国有和民营两类，两组回归结果见表 5 - 4。为了验证假设 H5 - 3，本章将中小企业总样本区分为高新技术企业和非高新技术企业，结果如表 5 - 4 所示。

表 5 - 4　数字普惠金融对中小企业融资约束的异质性分析

被解释变量 ΔCash	国有企业		高技术企业	
	SOE = 1	SOE = 1	Hightech = 1	Hightech = 1
	(1)	(2)	(3)	(4)
CF	0.636 *** (0.0565)	0.482 *** (0.0847)	0.446 *** (0.0712)	0.639 *** (0.0562)
DIFI × CF	-0.125 *** (0.0272)	-0.00548 (0.0420)	-0.0284 (0.0364)	-0.115 *** (0.0270)
Growth	-0.000334 (0.00751)	-0.00112 (0.0111)	-0.00844 (0.00743)	-0.000478 (0.00711)
Size	-0.000841 (0.00469)	-0.00568 (0.00936)	0.00825 (0.00743)	-0.00318 (0.00475)
Expend	-0.0116 (0.0320)	-0.218 ** (0.0664)	-0.0959 * (0.0516)	-0.0328 (0.0327)
ΔNWC	0.580 *** (0.00725)	0.640 *** (0.0141)	0.682 *** (0.0178)	0.580 ** (0.00707)
ΔSD	0.169 *** (0.0108)	0.453 *** (0.0274)	0.393 *** (0.0244)	0.185 *** (0.0110)

续表

被解释变量 ΔCash	国有企业		高技术企业	
	SOE = 1	SOE = 1	Hightech = 1	Hightech = 1
	(1)	(2)	(3)	(4)
Constant	-0.0103 (0.103)	0.0821 (0.207)	-0.224 (0.164)	0.0406 (0.104)
行业固定效应	固定	固定	固定	固定
时间固定效应	固定	固定	固定	固定
观测数	3319	3319	3319	3319
Adj. R^2	0.669	0.735	0.692	0.770

注：*、** 和 *** 分别代表在 10%、5%、1% 的显著性水平下显著，括号内为标准误。

通过表 5-4，观察列（1）和列（2）的回归结果，非国有中小企业中数字普惠金融指数与现金流量交互项的系数更为显著，表明数字普惠金融的发展可以显著缓解非国有中小企业融资约束。对此可能的解释是，数字普惠金融的发展拓宽了非国有中小企业融资渠道，降低了非国有中小企业与金融机构之间的信息不对称，使其获得更多的信贷支持，进而对其的缓解作用更有效。而国有企业由于在管理上缺乏弹性，数字普惠金融发展导致替代性融资机制的变化，往往使其难以适应，从而使数字普惠金融对其融资约束的缓解效果相对较差。由此，H5-2 可以得以验证，即相较于国有中小企业，数字普惠金融对民营中小企业融资约束的缓解作用更为明显。我们再观察列（3）和列（4），高新技术中小企业中数字普惠金融指数与现金流量交互项的系数更为显著，表明数字普惠金融发展对缓解高新技术中小企业融资约束的积极作用更为显著。高新技术中小企业通常比非高新技术中小企业具有更高的经营风险，未来的成长前景和企业价值存在更大的不确定性，不利于获得银行贷款，因此数字普惠金融的发展更有助于缓解高新技术中小企业融资约束。由此可以验证 H5-3，即相比非高新技术中小企业，数字普惠金融发展更能显著缓解高新技术中小企业面临的融资约束。

5.3.3 稳健性检验

尽管前面已涉及初步的稳健性检验，但为了保障结果的可信性，本章仍从以下两个方面进行稳健性分析：①考虑个体效应和时间效应，利用双向固定效应法对前面的基准模型和扩展模型进行重新估计；②考察内生性偏误对估计结果的影响，采用广义矩估计方法（GMM）重新估计上述实证模型。

（1）双向固定效应法。

表 5－5 是双向固定效应模型的估计结果。从表中可以看到，基准模型的估计结果再次表明中小企业面临显著的融资约束，表现出明显的现金－现金流敏感性，扩展模型的估计结果也同样支持了数字普惠金融有助于缓解中小企业融资约束的关键结论。因此，前面主要实证结论是稳健的。

表 5－5　　　　稳健性检验Ⅰ：双向固定效应模型

变量	基准模型	数字普惠金融	覆盖广度	使用深度	数字支持服务	基准模型
CF	0.476*** (0.037)	0.626*** (0.065)	0.599*** (0.066)	0.674*** (0.074)	0.581*** (0.053)	0.553*** (0.029)
CF × DIFI		-0.099** (0.039)				
CF × DCB			-0.091** (0.044)			
CF × DUD				-0.128*** (0.045)		
CF × DSS					-0.054** (0.021)	
QCF × ITFIN						
控制变量	Yes	Yes	Yes	Yes	Yes	Yes

续表

变量	基准模型	数字普惠金融	覆盖广度	使用深度	数字支持服务	基准模型
个体效应	Yes	Yes	Yes	Yes	Yes	Yes
时间效应	Yes	Yes	Yes	Yes	Yes	Yes
N	3319	3319	3319	3319	3319	6595
Adj. R^2	0.602	0.604	0.603	0.604	0.603	0.518

注：** 和 *** 分别代表在 5%、1% 的显著性水平下显著，括号内为标准误，控制变量包括 Grow、Size、ΔNWC、ΔSD 和 Expend。

（2）广义矩估计法。

本章的内生性讨论在于，企业现金流（CF）和企业成长（Grow）两个变量可能存在内生性问题，导致模型估计结果出现偏误。原因在于，CF 和 Grow 分别反映的是企业的近期和远期投资机会，由于企业投资行为在很大程度上受投资机会影响，而公司的现金持有行为往往与投资行为同时被决定，导致 CF 和 Grow 两个变量与干扰项相关，模型可能存在内生性偏误。鉴于此，参照连玉君的研究，采用 GMM 估计方法重新估计上述实证模型，回归结果见表 5－6。

表 5－6　稳健性建议 Ⅱ：GMM 以克服内生性

变量	基准模型	数字普惠金融	覆盖广度	使用深度	数字支持服务	基准模型
CF	0.525*** (0.081)	0.769*** (0.109)	0.695*** (0.159)	0.861*** (0.185)	0.733*** (0.144)	0.591*** (0.127)
CF × DIFI		−0.173*** (0.037)				
CF × DCB			−0.141*** (0.026)			
CF × DUD				−0.204** (0.089)		
CF × DSS					−0.096*** (0.023)	

续表

变量	基准模型	数字普惠金融	覆盖广度	使用深度	数字支持服务	基准模型
QCF × ITFIN						
控制变量	Yes	Yes	Yes	Yes	Yes	Yes
N	1185	1185	1185	1185	1185	1435
D - W - H test	7.44253 [0.0242]	6.29061 [0.0431]	5.0917 [0.0784]	7.88599 [0.0194]	8.05286 [0.0178]	16.2856 [0.0003]
K - Prk LM	11.449 [0.0095]	12.664 [0.0054]	7.615 [0.0547]	6.768 [0.0797]	6.833 [0.0328]	24.255 [0.0000]
Hansen J	7.586 [0.0225]	5.334 [0.0695]	6.011 [0.0495]	6.468 [0.0394]	14.074 [0.0028]	11.3697 [0.0034]

注：( ) 内数值为标准误，[ ] 内数值为相应检验统计量的 p 值；** 和 *** 分别代表在 5%、1% 的显著性水平下显著；GMM 估计采用二期和三期滞后项作为工具变量；D - W - H 检验、K - Prk LM 检验以及 Hansen J 检验的原假设分别为解释变量外生、工具变量识别不足和过度识别，拒绝原假设则分别说明解释变量是内生的、工具变量的选择是合理的。

GMM 估计结果表明，即便在合理控制模型的内生性偏误后，中小企业仍然面临显著的外部融资约束，数字普惠金融和互联网金融与企业现金流的交互项的估计系数均显著为负，再次支持普惠金融创新对中小企业融资约束的缓解作用是稳健的。

5.4　本章小结

本章首先从理论上阐述了数字普惠金融在触达性、可获得性、高效性和风险控制四个维度的耦合作用下发挥长尾效应，通过拓宽融资渠道、降低融资成本和提高融资效率等途径缓解中小企业融资约束。

在此基础上，本章利用现金 - 现金流敏感性模型和中小企业板上市公司数据进行经验研究，结果表明，中小企业仍然面临显著的融资约束。中国数字普惠金融显著缓解了中小企业的融资约束，数字普惠金融的覆盖广度、使用深度和数字化程度均对中小企业融资约束具有缓解作用。为了区分数字普惠金融对不同性质中小企业融资约束的异质性影响，结果表明，相较于国有中小企业，数字普惠金融对民营中小企业融资约束的缓解作用更为明显。最后，多种稳健性分析再次支持了数字普惠金融对中小企业融资约束缓解的积极作用。

第6章 数字普惠金融、融资约束与企业价值

本章以2011~2018年沪深两市A股上市企业为研究对象，并与北京大学数字普惠金融指数进行匹配，实证检验数字普惠金融发展对企业价值提升的影响及其内在机理，验证融资约束发挥的中介作用，及其内部财务柔性和外部社会责任发挥的调节效应。

6.1 理论基础和假设提出

6.1.1 数字普惠金融的发展与企业价值

企业价值最大化一直是现代企业不断追求的目标。企业融资能力是影响企业价值的重要因素，现有主流观点认为当企业受到较强融资约束时，企业难以保持稳定的现金流，应对外部环境变化的反应能力被削弱，从而在很大程度上抑制企业价值。数字普惠金融借助互联网、大数据、云计算的优势以精准定位客户，构建客户信用体系，有效解决企业与投资者的信息不对称问题，推动小额贷款、改善信贷分配，能够有效降低金融资源的错配风险，为解决企业“融资难，融资贵”问题提供了新的途径，特别是对于中小规模企业和高科技企业，数字普惠金融提高了企业信息透明度，对缓解融资约束具有更为显著的影响（任晓怡，2020）。总之，数字普惠金融通过降低企业融资约束程度进而提升企业价值。

金融发展有利于经济增长，数字普惠金融发展为经济增长注入了新的生机。企业是社会经济增长的主动力，金融发展有利于提升企业价值。已有学者从融资约束、企业股权结构、创新能力及内部治理能力等方面研究金融发展与企业价值的关系，验证了金融发展对企业价值的促进作用（Rajan et al.，1998；Sylla and Richard，2002；Claessens et al.，2003）。然而，传统金融结构由于空间限制、企业资质担保和信用问题、信息不对称等问题，将会减缓金融资源配置的效率，造成市场资金供需的不均衡，不利于企业价值增值。

普惠金融突破了传统金融结构的限制，能够帮助更多的企业获得信贷支持，缓解金融排斥，提高企业的金融资源配置效率，促进企业价值。数字普惠金融作为普惠金融的发展方向，具备更高效、更低成本、更优化的企业资源配置能力以及低风险普惠属性等特征，必然有利于企业价值的提升。从企业外部环境角度，数字金融发展能够通过改善金融结构、提升信息披露质量的方式，从而显著提升上市企业价值，并且这种提升作用具有长期性和纵向延伸性（李小玲等，2020）。从企业自身角度，企业为了适应外部金融环境以及数字环境的变化，必然会优化自身组织结构，建立企业内部良好的激励机制与控制机制以提升企业管理水平，提升企业自身担保机制和信用水平，抑制融资约束，从而提高企业价值。

基于上述分析，本章提出如下假说：

H1：数字普惠金融的发展有助于提升企业价值。

6.1.2 融资约束的中介作用

企业价值在很大程度上受到融资约束的限制。由于资本市场不完善，企业难以及时从资本市场获取资金，限制了企业外部融资渠道（Sylla and Richard，2002）。融资约束对于企业的投资行为、现金持有、税收规划和企业创新程度等都有显著影响，企业投资行为以及企业创新需要大量且稳定的资金支持，而融资约束很可能使企业放弃一些前景较好的投资项目和科研项目（沈红波、寇宏、张川，2010）。融资约束程度较强的企业会更倾向于持有较多现金，从代理关系角度看，管理层持有超额现金如果为了自身在职消费或者谋求更大私利，高额现金持有就会加剧代理问题，从而有损于企业价值（孙继国、韩开颜、胡金焱，2020）。虽然部分学者也证实高融资约束对企业绩效有一定的正向作用，高融资约束可以有效提高企业管理人员的危机意识和工作效率，提高资金使用效率，继而促进企业绩效，但这种促进作用是有限的（Sarma，2010；Allen et al，2016）。总之，高融资约束环境使企业难以获得外部资金，也不能够自由选择融资方式，难以达到最优的资本成本，不利于提升企业价值。

内生金融理论认为，金融发展水平对企业融资约束程度具有重要影响。已有学者从金融生态环境、金融危机、金融发展水平等角度进行研究，发现金融发展对于融资约束具有缓解作用（李小玲等，2020），而数字普惠金融作为金融发展的产物，积极利用新型数字技术拓展普惠金融服务的广度和深度，减少信息不对称及其交易成本，为融资渠道受阻的企业价值增值注入创新活力，因而有助于缓解企业的融资约束（任晓怡，2020）。首先，数字普惠金融拓宽了企业的资金来源、增加了融资数量。数字普惠金融能够利用场景、服务等优势，降低金融服务门槛，其覆盖下的“金融超市”“供应链金融”从资金供给端触及更为广泛的尾部群体，为更多金融主体提供高效便捷的服务，有效助力企业增值（李小玲等，2020）。其次，数字普惠金融增强了金融中介的信息搜集能力，实现了风险精准控制，改善了企业外部融资环境。信息不对称是导致企业融资约束的主要原因，许多企业由于资质担保和信用风险的限制，难以从传统金融市场获取充足资金，数字普惠金融依托大数据，利用文本数据挖掘技术，收集包括客户征信等多维度的数据，并进行深层次挖掘分析，并抓取不同行业、企业、个人行为数据，建立第三方征信体系，帮助金融机构及时掌握企业经营能力与财务状况，从而减轻了信息不对称问题，有效降低了交易双方流动性风险，缓解了企业的融资约束，为实现企业价值增长嵌入核心动力（邹伟等，2018；梁榜等，2019）。最后，数字普惠金融提高了企业融资效率。数字普惠金融能够跨越地域限制，极大地提升信息传递效率，依托数字征信体系，缩减线下审核程序，简化信贷审查程序，减少金融机构信贷审批的流程，使企业融资更为高效便捷（梁榜，2018）。

基于上述分析，本章提出如下假说：

H2：数字普惠金融的发展可以通过缓解企业的融资约束来提升企业价值。

6.1.3 企业财务柔性的调节作用

根据西方财务柔性理论，财务柔性是指企业及时调用财务资源，以便把握有价值的投资机遇，实现企业价值最大化的能力（Graham，2001）。在我国，财务柔性是以主动适应动态变化的财务环境和处理系统不确定性而管理财务风险为直接目标（赵华，2010）。国内外许多学者实证检验财务柔性对企业价值的影响，但尚未形成统一结论。从委托代理角度出发，企业保持财务柔性需要保持超额现金持有和较低的财务杠杆，这意味着低资本回报和冗余自由现金流的机会成本；从企业战略角度讲，财务柔性的“预防”与“利用”两大属性可以有效应对不确定性事件（Byoun et al.，2011；田祥宇等，2018）。

在数字普惠金融的背景下，资本市场的高速变动和环境不确定性必然促使财务柔性在企业发展中显现出举足轻重的作用。数字普惠金融目前正处于一个风险与机遇并存的十字路口，在给企业带来机遇的同时，也出现了金融欺诈频发、用户信息安全受到威胁、征信体系不健全、信息难以有效整合等问题，再加上我国监管政策有待完善，数字鸿沟引发技术性金融排斥，放大了技术风险，由此进一步增加了金融发展不稳定性。企业财务柔性管理对环境不确定性具备敏感的反应，高财务柔性企业具有更强的资金筹集和调用能力，能够为企业的投资活动提供所需的资金（曾爱民等，2011；2013）。高财务柔性企业更能提升企业价值，且不确定性环境越强，财务柔性对企业价值的提升越大（田祥宇等，2018；曾爱民等，2020）。

本章研究企业不同的财务柔性水平在数字普惠金融这一动态环境中发挥的作用，基于以上分析提出以下假设：

H3：财务柔性水平对于数字普惠金融对企业价值的提升具有正向调节效应，财务柔性水平更高的企业，数字普惠金融对企业价值的提升作用更大。

6.1.4 企业社会责任的调节效应

对于企业自身而言，承担社会责任是促进企业价值的提升还是抑制企业价值的提升还存在很大争议。部分学者认为，企业承担较多社会责任会损害企业价值，承担较多社会责任的公司将浪费资本和其他资源，从而处于竞争劣势，因此认为企业的社会责任仅限于遵纪守法，不违背道德，而无须承担额外的社会责任（Friedman，1989；Aupperle et al.，1985）。然而，还有许多学者持相反观点，认为企业承担更多社会责任有利于提升企业价值。基于利益相关者理论，承担社会责任较少的公司无法满足企业股东之外的利益相关者（雇员、客户等）的需求，将产生市场恐惧，提高风险溢价，从而提高企业隐性成本，进而产生显性成本，对企业价值的提升产生消极影响（Cornell and Shapiro，1987；Freeman，1991）。从风险控制角度，债权人会认为履行社会责任的企业风险更低，因而愿意以更低的利率进行贷款，更利于企业降低融资风险，提升企业价值。从信息不对称角度出发，本期披露的社会责任信息能够降低下期企业的资本成本，进而提升企业价值（龙文滨、宋献中，2013；涂红、郑淏，2018）。

在现有研究中，主流观点认为企业社会责任承担有利于提高企业价值。由此可以推断，在信息更加公开化、透明化的数字普惠金融生态圈中，社会责任依然发挥显著作用。因此，本章探讨在数字普惠金融不断发展进而影响企业价值的过程中，企业社会责任承担扮演何种角色？数字普惠金融提升企业价值是否会随着企业社会责任承担水平的提高而上升？这是一个短期效应还是长期效应？

基于上述分析在此提出以下假设：

H4：社会责任水平对于数字普惠金融对企业价值的提升具有正向调节效应，社会责任水平更高的企业，数字普惠金融对企业价值的提升作用更大。

6.2　样本选择与研究设计

6.2.1　样本确定与数据来源

我国数字普惠金融发展水平的衡量采用郭峰等（2020）编制的“北京大学中国数字普惠金融发展指数（2011～2018年）”，研究样本为沪深两市A股上市企业。为匹配数字普惠金融发展指数的年度区间，选择2011～2018年的数据，并按照如下步骤对样本进行处理，最终得到15925个样本观测值：（1）剔除金融业上市公司；（2）剔除*ST、ST企业；（3）删除变量存在缺失的观测；（4）对所有连读变量在1%和99%分位上进行Winsorize处理，以降低异常值影响。

本章所需的财务数据来源于国泰安（CSMAR）数据库，社会责任信息披露数据则采用和讯网对上市公司社会责任报告质量评级数据。

6.2.2　主要变量的定义

（1）解释变量：数字普惠金融。

数字普惠金融借鉴北京大学数字金融研究中心和蚂蚁金融服务集团开发的中国数字普惠金融发展指数。该指数自2011年以来实施跟踪调查，涵盖了中国内地31个省（区市）、338个地级以上城市（地区、自治州、盟等），以及近2800个县域（县级市、旗、市辖区等，简称“县域”），每年跟踪数据样本保持不变。数字普惠金融指数是个宏观数据，而本章拟研究其对微观企业价值的影响，故本章将数字普惠金融指数的地市级城市指标按上市公司的办公地址与其进行匹配；为解决该数据较其他指标数值过大的问题，本章将数字普惠金融指数及其二级指标除以100来进行统一处理。

（2）被解释变量：企业价值。

在以往文献中，衡量企业价值的指标主要包括净资产收益率、市净率、托宾Q值及经济增加值等，各个指标各有利弊。与主流文献一致，本章采用企业价值（Tobin's Q）作为企业价值的测度指标。

（3）中介变量：融资约束。

限于单一变量指标的局限性，本章借鉴李文文、黄世忠（2020）的做法，选择多变量构建KZ指数来衡量融资约束。

首先，选择衡量融资约束水平的五个构成指标，如表6-1所示。

表6-1　　KZ指数的构成指标及计算方法

变量名称	变量符号	计算方法
扣除非经常性损益后的加权平均净资产收益率	ROE	扣除非经常性损益后的加权平均净资产收益率该数据直接来源于上市公司年报的财务摘要
资产负债率	Lev	负债合计/总资产
营业收入自然对数	lnsale	营业务收入取自然对数
销售净利率	NRS	净利润/营业收入
财务松弛	Fslack	（货币资金+交易性金融资产+0.5×存货净额+0.7×应收账款净额-短期借款）/期初资产

其次，上述五个变量按1%和99%缩尾处理后按照中位数划分。当ROE低于中位数时，kz_1取值为1，否则为0；当Lev高于中位数时，kz_2取值为1，否则为0；当Insale低于中位数时，kz_3取值为1，否则为0；当NRS低于中位数时，kz_4取值为1，否则为0；当Fslack低于中位数时，kz_5取值为1，否则为0。计算总指标：$KZ = kz_1 + kz_2 + kz_3 + kz_4 + kz_5$。

再次，以KZ指数为因变量，上述五个变量为自变量，构建序次逻辑模型：

$$KZ_{it} = \beta_0 + \beta_1 ROE_{it} + \beta_2 Lev_{it} + \beta_3 lnsale_{it} + \beta_4 NRS_{it} + \beta_5 Fslack_{it} + \varepsilon_{it} \quad (6.1)$$

表 6－2 为融资约束各指标的相关性系数。可见，其相关系数均在 1% 的水平上显著，最大相关系数为 0.597，不存在严重的多重共线性，可以进行回归分析。

表 6－2　融资约束各指标间的相关系数

	ROE	Lev	lnsale	NRS	Fslack
ROE	1				
Lev	－0.142***	1			
lnsale	0.186***	0.523***	1		
NRS	0.597***	－0.310***	－0.071***	1	
Fslack	0.291***	－0.323***	－0.189***	0.258***	1

注：***、**、* 分别表示在 1%、5%、10% 水平上显著。

最后，采用面板 Logit 模型计算 KZ 指数，具体结果如表 6－3，本章根据此回归结果建立融资约束指数方程，根据此方程拟合的 KZ 值衡量融资约束：

$$KZ = -0.05114 \times ROE + 0.70991 \times Lev - 0.08837 \times lnsale - 1.93750 \times NRS - 1.21228 \times Fslack \quad (6.2)$$

表 6－3　KZ 指数的系数确定

	系数	Robust Std. Err.	z	P > |z|
ROE	－0.0511353	0.002002	－22.54	0.000
Lev	0.7099089	0.0828269	8.57	0.000
lnsale	－0.0883708	0.0120158	－7.35	0.000
NRS	－1.937503	0.1329586	－14.57	0.000
Fslack	－1.212275	0.0533319	－22.73	0.000

（4）调节变量：财务柔性（内部）和企业社会责任（外部）。

我国企业权益融资受到严格监管导致其柔性较低，因此本章的财务柔性（FF）采用现金柔性和负债融资柔性之和衡量，不考虑权益融资柔性（曾爱民，2013）。

企业社会责任（CRS）可以通过社会责任信息披露数据衡量，和讯网每年都发布对上市公司社会责任报告的质量评级数据。

（5）控制变量。

本章拟加入系列控制变量，包括企业规模、企业财务杠杆、企业年龄、企业成长性和现金比率等五个变量。此外，与主流文献一致，本章还控制了时间固定效应（Year）、行业固定效应（Industry）。

本章选取的所有变量及其定义如表6－4所示。

表6－4　　变量定义

变量		符号	计算方法
被解释变量	企业价值	Tobin's Q	Tobin's Q＝市场价值/期末总资产 市场价值＝股权市值＋净债务市值 其中，非流通股权市值用净资产代替计算
解释变量	数字普惠金融指数	DIFI	北京大学数字普惠金融发展指数（2011～2018年）
	覆盖广度	COV	
	使用深度	USE	
	数字化程度	DIGI	
中介变量	融资约束	KZ	对企业融资约束程度进行预分组，选取资产负债率、净资产收益率、营业收入自然对数、销售净利率、财务松弛五个指标进行logit回归
	财务柔性	FF	企业财务柔性＝现金柔性＋负债融资柔性 现金柔性＝企业现金持有比率－行业平均现金持有率 负债融资柔性＝Max（行业平均资产负债率－企业资产负债率，0）
调节变量	企业社会责任	CRS	和讯网社会责任报告专业评测结果
控制变量	企业规模	Size	年末资产自然对数
	财务杠杆	Lev	年末总负债/年末总资产
	企业年龄	Age	企业自成立以来的年数
	现金比率	Cashratio	现金及现金等价物/流动负债
	企业成长性	Growth	（当期营业收入总额－上期营业收入总额）/上期营业收入总额

以上各个变量的描述性统计结果如表6－5所示。

表 6 - 5　　各变量的描述性统计

variable	mean	sd	min	max	variable	mean	sd	min	max
Tobin's Q	1.972	1.077	0.893	8.457	FF	-0.162	1.244	-3.649	9.745
DIFI	1.959	0.623	0.522	2.914	CRS	25.50	16.55	-19.75	92.09
COV	1.955	0.581	0.255	2.903	Size	22.13	1.183	19.77	26.07
USE	1.936	0.680	0.233	3.257	Age	16.40	5.270	4	30
DIGI	2.011	0.804	0.0949	5.812	Growth	0.178	0.351	-0.542	3.081
KZ	-2.420	0.822	-5.184	1.799	Cashratio	0.805	1.188	0.0245	10.97
					Lev	0.418	0.198	0.0497	0.898

6.3　模型构建

（1）基准模型。

为了验证数字金融发展对企业价值的影响，本章以数字普惠金融（DIFI）为解释变量，以企业价值（Tobin's Q）为被解释变量，加入企业成长性、现金比率、资产负债率、企业规模和企业年龄作为控制变量，同时控制时间效应和行业效应，建立如下模型，若 β_1 显著为正则证明假设 1 成立，否则假设不成立。

$$\text{Tobin's } Q_{it} = \beta_0 + \beta_1 DIFI_{it} + \beta_2 Controls + \sum Year + \sum Industry + \varepsilon_{it} \tag{6.3}$$

本章还同时检验数字普惠金融一级维度（覆盖广度、使用深度、数字化程度）分别对于企业价值的影响。此外，考虑到数字普惠金融发展水平这一宏观变量对于企业价值这一微观变量的影响可能具有长期效应，本章还研究滞后期的数字普惠金融对于企业价值的影响。

（2）融资约束的中介效应检验。

为了验证融资约束是否为数字普惠金融影响企业价值的内在机制，贡献程度如何，本章利用温忠麟等（2005；2014）的中介效应（moderating effect）检验程序，建立中介效应模型开展进一步分析。具体模型如下：

$$\text{Tobin's } Q_{it} = \beta_0 + \beta_1 DIFI_{it} + \beta_2 Controls + \sum Year + \sum Industry + \varepsilon_{it} \tag{6.4}$$

$$KZ_{it} = \lambda_0 + \lambda_1 DIFI_{it} + \lambda_2 Controls + \sum Year + \sum Industry + \varepsilon_{it} \tag{6.5}$$

$$\text{Tobin's } Q_{it} = \eta_0 + \eta_1 DIFI_{it} + \eta_2 KZ_{it} + \eta_3 Controls + \sum Year + \sum Industry + \varepsilon_{it} \tag{6.6}$$

在模型（6.4）~模型（6.6）中，融资约束（KZ）为中介变量。模型（6.4）中的系数 β_1 为数字普惠金融影响企业价值的总效应，模型（6.5）中的系数 λ_1 为数字普惠金融对融资约束的效应；模型（6.6）中的系数 η_2 是控制了数字普惠金融影响后，融资约束对企业价值的影响效应，η_1 为数字普惠金融对企业价值的直接作用。其中，中介效应为 $\lambda_1 \times \eta_2$，它与总效应 β_1 和直接效应 η_1 存在以下关系：

$$\beta_1 = \eta_1 + \lambda_1 \times \eta_2 \tag{6.7}$$

关于是否存在中介效应，其判断依据为：若系数 β_1 显著，且 λ_1 和 η_2 都显著，则中介效应显著；若系数 λ_1 不显著，或者 λ_1 和 η_2 都不显著，则不存在中介效应。若系数 β_1 显著，且 λ_1 和 η_2 都显著，同时满足系数 η_1 小于系数 β_1 时，则融资约束是部分中介变量，其中，中介效应占总效应的比重为 $\lambda_1 \times \eta_2/\beta_1$。若系数 β_1 显著，且 λ_1 和 η_2 都显著，但是 η_1 不显著，即存在完全中介效应。

6.4 实证分析

6.4.1 相关性分析

在进行实证检验之前，本章先对各变量间的相关性进行分析（见表 6－6）。

表 6-6　各变量的相关系数

	Tobin's Q	DIFI	KZ	FF	CRS	Size	Age	Growth	Cashratio	Lev
Tobin's Q	1									
DIFI	0.072***	1								
KZ	-0.144***	-0.023***	1							
FF	0.091***	0.148***	-0.273***	1						
CRS	-0.061***	-0.188***	-0.393***	-0.00100	1					
Size	-0.399***	0.109***	-0.00600	-0.157***	0.270***	1				
Age	-0.034***	0.294***	0.091***	0.0120	-0.022***	0.194***	1			
Growth	0.0130	0.049***	-0.250***	-0.053***	0.053***	0.023***	-0.060***	1		
Cashratio	0.173***	-0.096***	-0.366***	0.797***	0.049***	-0.301***	-0.145***	-0.020***	1	
Lev	-0.322***	-0.050***	0.393***	-0.432***	0.020**	0.551***	0.188***	0.015*	-0.558***	1

注：***、**、* 分别表示在 1%、5%、10% 水平上显著。

从表6－6可以看出，企业价值与数字普惠金融的相关系数为0.072，且在1%水平上显著，由此可初步判断数字普惠金融的发展对企业价值有正向促进作用。企业价值与融资约束的相关系数为－0.144，与财务柔性的相关系数为0.091，与社会责任的相关系数为－0.061，均在1%水平下显著。可见，企业价值受到融资约束的制约，企业保有一定的财务柔性可以提升企业价值，这与之前的假设一致，但企业承担社会责任可以抑制企业价值，与之前假设矛盾，可能是由滞后性所致。此外，由表6－6可以看出，大部分变量之间的相关系数不高，说明不存在多重共线性问题，可以进行回归分析。

6.4.2 数字普惠金融对企业价值影响的基准分析

本章验证数字普惠金融发展对企业价值的影响，结果如表6－7所示。

表6－7 数字普惠金融影响企业价值

	(1)	(2)	(3)	(4)
	Tobin's Q			
	总指标	分维度		
DIFI	0.154*** (3.95)			
COV		0.118*** (3.93)		
USE			0.107*** (3.40)	
DIGI				－0.0640 (－1.51)
Size	－0.337*** (－39.66)	－0.337*** (－39.65)	－0.337*** (－39.69)	－0.336*** (－39.62)

续表

	(1)	(2)	(3)	(4)
	Tobin's Q			
	总指标	分维度		
Age	0.00898 *** (6.03)	0.00904 *** (6.07)	0.00885 *** (5.94)	0.00880 *** (5.91)
Growth	0.0568 *** (3.10)	0.0560 *** (3.06)	0.0584 *** (3.19)	0.0588 *** (3.21)
Cashration	0.00658 (0.80)	0.00627 (0.76)	0.00741 (0.90)	0.00747 (0.90)
Lev	-0.369 *** (-7.03)	-0.373 *** (-7.11)	-0.362 *** (-6.88)	-0.371 *** (-7.07)
_cons	9.130 *** (48.73)	9.201 *** (50.47)	9.218 *** (49.87)	9.535 *** (49.42)
行业效应	控制	控制	控制	控制
年度效应	控制	控制	控制	控制
N	15925	15925	15925	15925

注：括号内为 t 值，*** 、** 、* 分别表示在 1% 、5% 、10% 水平上显著，下同。

由表 6-7 可见，数字普惠金融能够提升企业价值。列（1）中数字普惠金融（DIFI）的估计系数为 0.154，通过了 1% 的显著性检验，说明数字普惠金融这一宏观政策的发展和完善对于微观层面的企业增值产生了显著促进作用。列（2）~列（4）反映了数字普惠金融分维度指标对企业价值的影响，覆盖广度和使用深度有助于提升企业价值，而数字化程度对企业价值的影响不显著。观察各控制指标，企业年龄和企业成长性对企业价值有显著正向影响，而企业规模和资产负债率对企业价值有显著负向影响，现金比率对企业价值无显著影响。

为了验证数字普惠金融对企业价值的影响是否为长期动态效应，本章还验证滞后一期到滞后二期的数字普惠金融与企业价值的关系，具体见表 6-8。

表 6-8　滞后期数字普惠金融对企业价值的影响

	(1)	(2)	(3)	(4)	(5)	(6)	(7)	(8)
	Tobin's Q							
	滞后一期				滞后二期			
	总指标		分维度		总指标		分维度	
DIFI	0.210*** (4.55)				0.198*** (3.46)			
COV		0.147*** (4.36)				0.134*** (3.41)		
USE			0.143*** (3.79)				0.130*** (2.71)	
DIGI				-0.0595 (-1.06)				-0.0298 (-0.59)
Size	-0.347*** (-35.96)	-0.347*** (-35.95)	-0.347*** (-36.01)	-0.345*** (-35.94)	-0.410*** (-35.70)	-0.410*** (-35.69)	-0.409*** (-35.72)	-0.408*** (-35.66)
Age	0.00558*** (3.28)	0.00564*** (3.31)	0.00541*** (3.18)	0.00535*** (3.14)	0.00368* (1.82)	0.00371* (1.84)	0.00352* (1.74)	0.00342* (1.69)
Growth	0.0856*** (3.82)	0.0855*** (3.81)	0.0870*** (3.88)	0.0880*** (3.92)	0.0721*** (2.84)	0.0723*** (2.85)	0.0736*** (2.90)	0.0750*** (2.95)

续表

	(1)	(2)	(3)	(4)	(5)	(6)	(7)	(8)
	Tobin's Q							
	滞后一期				滞后二期			
	总指标		分维度		总指标		分维度	
Cashration	0.0525 *** (4.16)	0.0523 *** (4.14)	0.0537 *** (4.25)	0.0537 *** (4.24)	0.119 *** (6.82)	0.119 *** (6.79)	0.121 *** (6.89)	0.120 *** (6.84)
Lev	-0.383 *** (-6.31)	-0.388 *** (-6.40)	-0.373 *** (-6.13)	-0.385 *** (-6.34)	-0.303 *** (-4.17)	-0.309 *** (-4.24)	-0.292 *** (-4.00)	-0.308 *** (-4.22)
_cons	9.365 *** (44.15)	9.475 *** (45.93)	9.477 *** (44.87)	9.810 *** (43.97)	10.90 *** (42.87)	11.00 *** (44.47)	11.00 *** (43.65)	11.23 *** (43.74)
行业效应	控制	控制	控制	控制	控制	控制	控制	控制
年度效应	控制	控制	控制	控制	控制	控制	控制	控制
N	12113	12113	12113	12113	9638	9638	9638	9638

注：***、**、* 分别表示在 1%、5%、10% 水平上显著。

表6－8回归结果显示，滞后一期和滞后二期的数字普惠金融的估计系数分别为0.21、0.198，均大于0.154，且在1%水平上显著，这表明数字普惠金融对于企业价值的影响是长期动态存在的，且长期影响效应要大于短期影响效应。本章还对数字普惠金融的分维度进行了进一步检验，如表6－8的列（2）～列（4）和列（6）～列（8）所示，同样表明，覆盖广度和使用深度在滞后期仍然在1%水平上显著为正，对企业价值起到了明显的促进作用，而数字化程度对于企业价值没有显著影响。

综上所述，数字普惠金融的发展有助于提升企业价值，假设1得以验证。

6.4.3 融资约束的中介效应检验

为了验证数字普惠金融促进企业价值提升的内在机理，验证融资约束是否发挥中介作用，作用程度如何，本部分将采用温忠麟等（2005；2014）的中介效应模型进行检验，具体结果如表6－9所示。

表6－9　融资约束的中介效应检验结果

	(1)	(2)	(3)	(4)	(5)	(6)
	Tobin's Q	KZ	Tobin's Q	Tobin's Q	KZ	Tobin's Q
	当期			滞后一期		
DIFI	0.154***	-0.197***	0.115***	0.210***	-0.197***	0.160***
	(3.95)	(-6.43)	(2.97)	(4.55)	(-5.49)	(3.54)
KZ			-0.200***			-0.252***
			(-16.50)			(-18.41)
Size	-0.337***	-0.243***	-0.386***	-0.347***	-0.259***	-0.413***
	(-39.66)	(-39.69)	(-45.12)	(-35.96)	(-37.92)	(-42.22)
Age	0.00898***	0.00209*	0.00940***	0.00558***	-0.000901	0.00536***
	(6.03)	(1.92)	(6.37)	(3.28)	(-0.73)	(3.19)

续表

	(1)	(2)	(3)	(4)	(5)	(6)
	Tobin's Q	KZ	Tobin's Q	Tobin's Q	KZ	Tobin's Q
	当期			滞后一期		
Growth	0.0568***	-0.560***	-0.0551***	0.0856***	-0.589***	-0.0628***
	(3.10)	(-26.76)	(-2.93)	(3.82)	(-23.95)	(-2.78)
Cashration	0.00658	-0.112***	-0.0158*	0.0525***	-0.129***	0.0199
	(0.80)	(-19.82)	(-1.93)	(4.16)	(-16.43)	(1.62)
Lev	-0.369***	2.193***	0.0688	-0.383***	2.165***	0.163**
	(-7.03)	(48.39)	(1.23)	(-6.31)	(41.92)	(2.56)
_cons	9.130***	2.579***	9.646***	9.365***	3.031***	10.13***
	(48.73)	(18.56)	(51.93)	(44.15)	(19.62)	(48.13)
行业效应	控制	控制	控制	控制	控制	控制
年度效应	控制	控制	控制	控制	控制	控制
N	15925	15925	15925	12113	12113	12113

注：***、**、*分别表示在1%、5%、10%水平上显著。

数字普惠金融对企业融资约束的抑制作用可通过表6-9的列（2）和列（5）体现。数字普惠金融指数对融资约束进行回归分析的系数为-0.197，在1%水平下显著，且滞后一期的数字普惠金融指数对融资约束的抑制性也在1%水平下显著，表明数字普惠金融对企业融资约束存在显著的负向影响，且长期存在。可见，提升数字普惠金融在整个金融体系中的相对重要性有助于拓宽微观企业的融资渠道，提高企业的外源融资水平，缓解融资约束。

观察表6-9中列（3）和列（6），融资约束的估计系数依旧在1%水平上显著为负，结合列（2）和列（5）中DIFI估计系数显著的结果，我们可以得出，融资约束的中介效应显著。此外，列（3）和列（6）中DIFI的系数在1%水平上也显著，表明融资约束为部分中介效应，说明降低融资约束是数字普惠金融促进企业增值的核心路径之一，因此假设2得以验证。

6.4.4 稳健性检验

在上述实证分析中，本章控制了行业和年份两个层面的固定效应，但回归模型仍可能存在某些个体层面的遗漏变量，进而导致内生性问题。因此，本章进一步控制个体层面的固定效应进行稳健性检验，结果如表6-10的列（1）所示。此外，本章用替代变量法分别以净资产收益率（ROE）替代企业价值、以省级移动电话普及率（Mobile）替代数字普惠金融进行稳健性检验，如表6-10列（2）、列（3）所示。表6-10的结果均通过了显著性检验，表明数字普惠金融对于企业价值的影响是稳健的。

表6-10　稳健性检验结果

	(1)	(2)	(3)
	Tobin's Q	ROE	Tobin's Q
DIFI	0.235*	1.928***	
	(1.87)	(4.74)	
Mobile			0.000929***
			(3.70)
Size	-0.611***	1.948***	-0.338***
	(-29.02)	(21.12)	(-39.73)
Age	0	0.0258*	0.00902***
	(.)	(1.83)	(6.05)
Growth	0.0771***	5.607***	0.0568***
	(4.64)	(22.52)	(3.10)

续表

	(1)	(2)	(3)
	Tobin's Q	ROE	Tobin's Q
Cashration	-0.0701***	0.00192	0.00685
	(-7.27)	(0.03)	(0.83)
Lev	0.299***	-11.43***	-0.362***
	(3.75)	(-16.43)	(-6.88)
_cons	14.98***	-35.97***	9.339***
	(29.86)	(-17.72)	(52.60)
行业效应	控制	控制	控制
年度效应	控制	控制	控制
个体效应	控制	—	—
N	15524	15922	15922

注：***、**、*分别表示在1%、5%、10%水平上显著。

6.4.5　进一步研究：企业财务柔性和社会责任的调节效应

本部分将进一步研究一些内外部因素是否会影响数字普惠金融作用的发挥，内部因素主要表现为企业财务柔性，而外部因素主要表现为企业承担社会责任。也就是说，本部分将验证数字普惠金融对企业价值的影响是否会因为企业财务柔性水平的高低而有所不同，是否会随着企业社会责任水平的提高而增大，为此，本章利用温忠麟等（2005）的调节效应（moderating effect）来进行验证。此外，考虑到数字普惠金融及其分维度指标、财务柔性和企业社会责任等都是连续变量，故采用带有乘积项的回归模型，做层次回归分析，验证企业财务柔性管理和社会责任承担是否在数字普惠金融和企业价值之间存在调节作用，具体结果如表6-11所示。

表 6-11 调节效应的检验结果

	(1)	(2)	(3)	(4)	(5)	(6)	(7)
	Tobin's Q						
	FF			CRS			
DIFI	0.154***	0.153***	0.151***	0.154***	0.137***	0.268***	0.132***
	(3.95)	(3.92)	(3.87)	(3.95)	(3.51)	(6.33)	(3.02)
FF		0.0483***	0.0848***				
		(2.98)	(4.87)				
FF × DIFI			0.0616***				
			(6.99)				
CRS					0.00482***	0.0133***	0.00347***
					(11.02)	(11.55)	(6.35)
CRS × DIFI						-0.0051***	
						(-7.59)	
L. CRS × DIFI							0.00183***
							(6.22)
Size	-0.337***	-0.337***	-0.336***	-0.337***	-0.366***	-0.366***	-0.389***
	(-39.66)	(-39.67)	(-39.55)	(-39.66)	(-40.97)	(-41.01)	(-37.43)
Age	0.00898***	0.00900***	0.00843***	0.00898***	0.00872***	0.00887***	0.00510***
	(6.03)	(6.04)	(5.65)	(6.03)	(5.86)	(5.97)	(3.00)

续表

	(1)	(2)	(3)	(4)	(5)	(6)	(7)
	Tobin's Q						
	FF			CRS			
Growth	0.0568 ***	0.0574 ***	0.0626 ***	0.0568 ***	0.0445 **	0.0475 ***	0.0845 ***
	(3.10)	(3.14)	(3.42)	(3.10)	(2.44)	(2.61)	(3.78)
Cashration	0.00658	-0.0391 **	-0.0586 ***	0.00658	0.00658	0.00825	0.0511 ***
	(0.80)	(-2.30)	(-3.45)	(0.80)	(0.80)	(1.01)	(4.08)
Lev	-0.369 ***	-0.344 ***	-0.310 ***	-0.369 ***	-0.271 ***	-0.280 ***	-0.247 ***
	(-7.03)	(-6.41)	(-5.75)	(-7.03)	(-5.07)	(-5.23)	(-3.98)
_cons	9.130 ***	9.166 ***	9.158 ***	9.130 ***	9.648 ***	9.406 ***	10.18 ***
	(48.73)	(48.73)	(48.70)	(48.73)	(49.67)	(48.88)	(44.66)
行业效应	控制	控制	控制	控制	控制	控制	控制
年度效应	控制	控制	控制	控制	控制	控制	控制
N	15925	15925	15925	15925	15925	15925	12113

注：***、**、* 分别表示在 1%、5%、10% 水平上显著。

由表6－11列（3）我们观察到数字普惠金融与财务柔性的交互项（FF×DIFI）的系数为0.0616，并在1%的置信水平下显著，意味企业财务柔性水平对于数字普惠金融促进企业升值具有正向调节作用。由列（6）和列（7）我们观察到当期数字普惠金融与企业责任的交互项（CRS×DIFI）的系数为－0.00509，在1%的置信水平下显著，意味着从短期来看，随着企业社会责任承担水平的提高，数字普惠金融发展对企业价值的促进作用会越来越弱，而滞后一期的交互项（L.CRS×DIFI）的系数为0.00183，由负转正，并在1%水平下显著，表明企业承担社会责任对企业价值的影响具有滞后性，从长远来看，企业承担更多的社会责任更容易在数字普惠金融的发展过程中受益，因为承担更多社会责任的企业给社会更为正面积极的形象，更易于在金融领域获得资金贷款，长久而言益于企业价值的提升。由此，假设3和假设4得以证明，企业财务柔性和社会责任承担发挥调节作用。

6.5 本章小结

本章基于中国2011～2018年上市A股公司的经验数据，对数字普惠金融、融资约束和企业价值之间的关系进行实证检验，得出以下结论：首先，数字普惠金融的发展对于企业价值提升具有显著影响，数字金融覆盖广度和数字金融使用深度是促进企业价值提升的主要作用维度，表明数字普惠金融发展能够增强金融服务的触达能力和可获得性，而普惠金融数字化程度这一维度对企业价值的提升并没有表现出显著影响。其次，数字普惠金融对于企业价值的促进作用是长期动态存在的，且长期影响效应要大于短期影响效应，结论有力地支撑了国家对数字普惠金融发展提出的商业可持续性要求。再次，数字普惠金融发展可以通过缓解企业融资约束来提升企业价值，数字普惠金融拓宽了企业资金来源，增强了金融中介的信息搜集能力，提高了企业融资效率，通过缓解融资约束促进企业价值的提升。最后，企业对内保持较高的财务柔性和对外承担更多的社会责任，有利于企业缓解数字普惠金融环境的不确定性风险，正向调节数字普惠金融对企业价值的促进作用。

第7章 数字普惠金融的减贫效应及其传导机制研究

数字普惠金融的服务对象不仅限于中小微企业，还包括农户及其城镇低收入群体，他们有共同的特点——相对贫困、居住偏远。我国是世界上最大的发展中国家，近年来扶贫成效显著，贫困发生率也从1978 年的97.5%降至 2018 年的 1.7%，创造了人类减贫史的奇迹，这里面数字普惠金融功不可没。因此，本章探讨数字普惠金融的减贫效应及其传导机制。

7.1 理论分析和研究假设

7.1.1 数字普惠金融实现贫困减缓的作用机制

数字普惠金融能否实现贫困减缓的目标，我们首先从作用机制方面进行研究，如图 7－1 所示，数字普惠金融通过长尾效应，借助于直接效应和间接效应两种机制实现贫困减缓的目标。

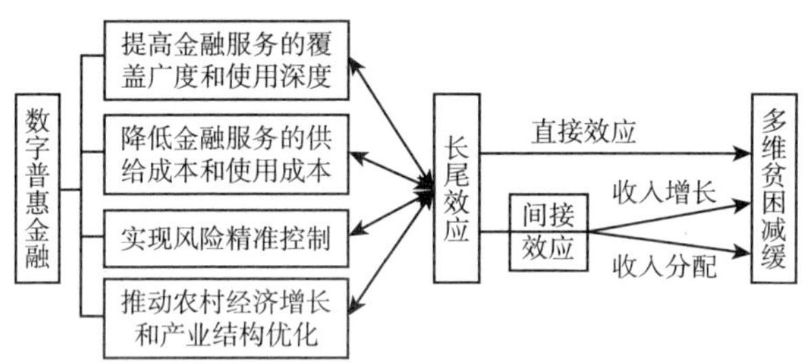

图 7－1 数字普惠金融实现贫困减缓的作用机制

首先，数字普惠金融提高了金融服务的覆盖广度和使用深度，有效缓解了贫困农户自我排斥和有效需求不足的问题。传统金融服务通常需要到物理网点办理，而互联网应用使数字金融服务通过移动终端就能快捷地掌握各类金融产品的功能、作用和约定条件，且交易流程和操作程序都更为简单，降低了贫困农户使用金融服务的交通、时间和沟通成本，有利于增强其金融服务使用意愿。随着各类金融机构数量的增加，市场竞争愈发激烈，迫使各类金融机构不得不开发新产品、降低服务价格、创新抵押担保方式，在一定程度上刺激了互联网信贷、互联网保险、互联网支付、投资理财等新型金融产品的快速上线，从而满足不同类型贫困农户的差异化需求，从而使那些不符合传统金融服务抵押担保要求的贫困农户可以通过多种形式的非正规信贷解决资金约束问题。

其次，数字普惠金融通过运用先进信息技术有效降低运营商的供给成本和客户的使用成本。在传统金融服务中，物理网点的高成本导致传统金融服务难以渗透到农村及边远地区，而互联网的“泛在性”特征决定了数字普惠金融的网络零边际成本效应，极大地降低了金融服务的门槛和成本。一方面，随着数字化技术，如移动终端、人脸识别和身份验证技术等在信贷市场的推广，使远程开户、资金发放和回款可通过移动终端实现，降低了金融机构的人工和基础设施建设等交易成本；另一方面，数字普惠金融发展在缓解信息不对称问题上同样具有优势，大数据、云计算、区块链技术在普惠金融中的应用使金融机构能从多个维度分析用户资信特质和风险偏好，降低了信息不对称程度和风控成本。

再次，数字普惠金融能够实现风险精准控制，降低了风险水平。一方面，移动电话的使用可以加强家庭社会网络，促进内部信息的流动，从而改善家庭的风险分担，使其更好地应对风险冲击；另一方面，大数据技术在征信领域的应用，人脸识别和身份验证技术等在信贷市场的推广，降低了双方的信息不对称程度，加强了网络安全，有助于实现风险精准控制。

最后，数字普惠金融推动了农村经济增长和产业结构的优化，为贫困农户提供更多就业机会，拓展增收渠道，间接增强其脱贫致富的“造血”能力。随着数字普惠金融的开展，为小微企业、低收入等弱势群体提供了平等享受现代金融服务的机会与权利，有效支持了农村小微企业、农村基础设施建设、农村教育医疗、特色农产品开发、三产融合等，从而为贫困农户提供更多就业创业的经济机会，提高了他们的收入水平。

7.1.2 数字普惠金融对贫困减缓的直接效应

从图 7 - 1 可以看出，在数字化时代，依据“长尾理论”，数字普惠金融通过提高金融服务的覆盖广度和使用深度，降低金融服务的使用成本和降低金融风险三个直接途径，缓解了低收入人群的资金约束。数字信贷平台将散落在各个细分市场的金融用户聚集在交易平台，从而构建了数字普惠金融的“长尾市场”，这个市场上汇集了大量被排斥于正规金融服务之外的低收入群体，使他们能够更多地受益于数字普惠金融的发展。基于以上分析，本书提出以下研究假说：

H7 - 1：数字普惠金融发展能够实现贫困减缓。

普惠金融特别是数字普惠金融，其主要服务对象是农民、小微企业、城镇低收入人群等低收入群体。数字金融的发展缓解了传统金融市场中的“财富门槛”，便利了穷人获得信贷、存款等金融服务的渠道，并能提高他们抗击风险的能力，更好地应对风险冲击。基于以上分析，本书提出以下研究假说：

H7 - 2：相对于富裕群体，贫困群体能够从数字普惠金融发展中受益更多。

7.1.3 数字普惠金融对贫困减缓的间接效应

数字普惠金融可以通过收入增长和收入分配改善两种机制来实现间接减贫。

数字普惠金融发展可以通过促进收入增长间接实现居民减贫。一方面，数字技术在普惠金融方面的运用有利于金融产品和服务广泛并快速地触达客户，缓解居民的资金约束，促进居民增收；另一方面，数字普惠金融发展能够提高劳动产出效率，从而有利于居民增收，如在非洲，信息通信数字技术在金融领域的广泛推广给当地居民带来了大量生产机会和收入来源。从数字普惠金融发展影响地区经济增长的路径来看，数字普惠金融的发展能够促使社会总储蓄增加，提高社会可投资资金总量，从而推动长期经济增长，这就会在消费、就业等方面惠及当地低收入群体，实现贫困阶层的减贫增收。基于以上分析，本书提出以下假说：

H7－3：数字普惠金融发展促进居民收入增长实现贫困减缓。

其次，数字普惠金融发展可以通过改善收入分配间接实现居民减贫。一方面，数字普惠金融弥补了传统金融“嫌贫爱富”的不足，将大量边远、弱势的群体接入金融网络，为其提供安全快捷的金融服务和产品，从而促进了金融服务的分配和转移，加快了欠发达地区和贫困人口的发展；另一方面，数字平台的特性带来了规模收益和边际成本递减，让不同客户之间可以共享决策信息，这使客户主权，尤其是弱势群体的利益在数字金融中得到尊重和保护，有助于缓解收入分配差距，实现溢贫式增长。基于此，本书提出以下研究假说：

H7－4：数字普惠金融发展通过改善收入分配实现贫困减缓。

7.2　模型数据与研究方法

7.2.1　模型构建

（1）数字普惠减弱减贫效应模型。

为检验假设 H7－1 和假设 H7－2，这里结合我国省域发展实际，建立以下模型：

$$POV_{it} = \beta_0 + \beta_1 DIFI_{it} + Controls + \Phi_i + \Psi_i + \mu_{it} \quad (7.1)$$

其中，POV_{it}表示贫困程度，参照 ODHIAMBO（2009）、崔艳娟

和孙刚（2012）的方法，用省域“居民人均消费水平”度量贫困减缓，$DIFI_{it}$表示数字普惠金融，来源于《北京大学数字普惠金融指数》（2011～2018年）。关于控制变量，借鉴黄倩等（2019）、刘锦怡等（2020）、梁榜（2020）等学者的研究成果，加入收入增长（PGDI）、收入分配差异（INE）、省域对外开放度（OPEN）、财政支出（FE）、教育支出（EDU）、通过膨胀率（INF）和城镇化水平（URBAN）。i代表的是省域，t代表年份，β_0表示截距项，Φ_i表示省域层面固定效应，Ψ_i表示时间固定效应，μ_{it}表示随机误差项。若变量DIFI显著且系数值大于零，则假设H7－1成立。

（2）中介效应模型。

为验证假设H7－3和假设H7－4是否成立，探究数字普惠金融减贫效应的内在机制是收入增长还是收入分配，抑或是两者都有，其贡献程度如何，这里利用中介效应（mediation effect）模型对此展开进一步分析。具体步骤如下：

第一步，验证数字普惠金融对居民减贫的综合影响，先不考虑收入增长和收入分配两个间接影响。本章将基准实证模型（7.1）转化为以下面板模型：

$$POV_{it} = C + \alpha DIFI_{it} + Controls + \Phi_i + \Psi_i + \mu_{it} \tag{7.2}$$

其中，Controls不包括收入增长指标和收入分配指标（下同），其余变量定义同模型（7.1）。

第二步，检验数字普惠金融对中介变量收入增长或收入分配的影响作用。先将收入增长（PGDI）或收入分配（INE）作为被解释变量，数字普惠金融作为核心解释变量，检验数字普惠金融发展对其两者的影响，建立以下面板模型：

$$PGDI_{it} \text{ or } INE_{it} = C + \eta DIFI_{it} + Controls + \Phi_i + \Psi_i + \mu_{it} \tag{7.3}$$

第三步，检验收入增长和收入分配的中介效应是否完全，即数字普惠金融是否存在直接减贫效应，本章构建以下面板模型：

$$POV_{it} = C + \theta DIFI_{it} + \lambda PGDI_{it} \text{ or } INE_{it} + Controls + \Phi_i + \Psi_i + \mu_{it} \tag{7.4}$$

在模型（7.2）~模型（7.4）中，收入增长（PGDI）和收入分配（INE）为中介变量。模型（7.2）中的系数 α 为数字普惠金融实现减贫的总效应，模型（7.3）中的系数 η 为数字普惠金融对中介变量的效应；模型（7.4）中的系数 λ 是控制了数字普惠金融影响后，中介变量对被解释变量贫困减缓的影响效应，θ 为数字普惠金融对贫困减缓的直接作用。其中，中介效应为 $\lambda\eta$，它与总效应 α 和直接效应 θ 存在以下关系：

$$\alpha = \theta + \lambda\eta \tag{7.5}$$

关于是否存在中介效应，其判断依据为：若系数 α 显著，且 η 和 λ 都显著，则中介效应显著；若系数 α 不显著，或者 η 和 λ 都不显著，则不存在中介效应。若系数 α 显著，且 η 和 λ 都显著，同时满足系数 θ 小于系数 α 时，则收入增长和收入分配是部分中介变量，其中，中介效应占总效应的比重为 $\lambda\eta/\alpha$。若系数 α 显著，且 η 和 λ 都显著，但是 θ 不显著，即存在完全中介效应。若假设 H7 - 3 成立，同理假设 H7 - 4 成立。

7.2.2　数据来源与变量定义

本章选取 2011 ~ 2018 年中国 31 个省区市为研究样本，数字普惠金融指数（DIFI）为核心解释变量，数据来源于《北京大学数字普惠金融指数》（2011 ~ 2018 年），数字惠普金融指数由互联网金融服务的覆盖广度、使用深度和数字支持服务程度 3 个一级维度，账户覆盖率、支付业务、货币基金业务、信贷业务、保险业务、投资业务、信用业务、数字金融服务的移动化、实惠化、信用化、便利化 11 个二级维度，共 33 项细分指标构成。贫困程度（POV）为被解释变量，通过居民人均消费水平衡量，若贫困减缓则人均消费水平提高。收入增长（PGDI）、收入分配差异（INE）、省域对外开放度（OPEN）、财政支出（FE）、教育支出（EDU）、通货膨胀率渊（INF）和城镇化水平（URBAN）等为中介变量和控制变量。除数字普惠金融指数（DIFI）外，其他相关数据均来源于《中国统计年鉴》。本章选取的变量及定义如表7-1所示。

表7-1　　模型中的变量定义

变量	符号	基本含义	度量方式
被解释变量	POV	贫困减缓	居民人均消费水平
核心解释变量	DIFI	数字普惠金融	中国数字普惠金融指数（DIFI）及其五个分维度：账户覆盖率（AVA）、个人支付（PAY）、小微信贷（CRE）、保险业务（INS）和数字支持服务程度（DIGB）
中介效应	PGDI	收入增长	人均可支配收入
	INE	收入分配	泰尔指数
控制变量	URBAN	城镇化水平	城镇人口/地区总人口
	OPEN	对外开放程度	（进口总额+出口总额）/地区GDP
	EDU	教育支出水平	地区教育支出/地区财政总支出
	INF	通货膨胀率	居民消费价格指数
	FE	政府财政支出	地区财政支出/地区GDP

从图7-2的散点图可以初步判断，贫困减缓与数字普惠金融发展水平之间呈较为明显的正相关关系，但是否为因果效应以及存在怎样的传导机制，仍然需要进一步检验。

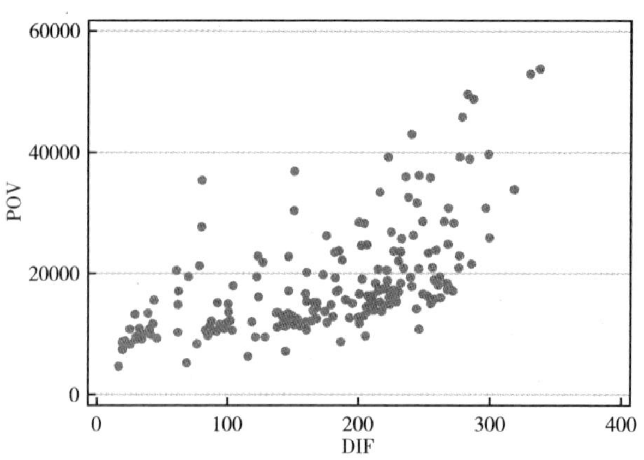

图7-2　贫困减缓与数字普惠金融关系的散点图

7.2.3 变量统计性描述

表 7－2 报告了各个解释变量和被解释变量的描述性统计结果。

表 7－2　　变量统计性描述

变量	样本量	均值	标准差	最小值	最大值
POV	248	9.66	0.44	8.46	10.89
DIFI	248	5.04	0.68	2.79	5.93
PGDI	248	2.12	0.98	0.75	6.42
INE	248	0.11	0.11	0.000014	0.65
OPEN	248	0.27	0.32	0.016	1.78
FE	248	0.28	0.21	0.11	1.38
INF	248	102.5	1.29	100.6	106.3
EDU	248	0.16	0.03	0.099	0.22
URBAN	248	0.56	0.13	0.23	0.90

从表 7－2 可以看出，中介变量收入增长（PGDI）和收入分配（INE）的最小值与最大值之间的差距很大，说明我国各省域地区之间收入增长与收入分配不均衡。对于控制变量，省域对外开放程度、财政支出、教育支出、城镇化水平也同样出现了省域不均衡这一特征。

7.3 实证检验及结果分析

7.3.1 数字普惠金融实现贫困减缓的初步分析

表 7－3 报告了基准模型（7.1）的回归结果，并使用了聚类稳健标准误，由此可以初步看出数字普惠金融发展水平对贫困减缓的总体效应。

表 7 – 3 数字普惠实现贫困减缓模型的实证结果

	(1)	(2)	(3)	(4)	(5)	(6)	(7)	(8)
	LSDV	2SLS	IV – GMM	LSDV				
DIFI	0.000427** (0.000183)	0.000593*** (0.000116)	0.000618*** (0.00016)					
AVA				0.066*** (0.0155)				
PAY					0.0377* (0.0214)			
CRE						0.0642*** (0.0143)		
INS							–0.0034 (0.0064)	
DIGB								–0.0350 (0.0217)
PGDI	0.0739 (0.0778)	0.276*** (0.0172)	0.268*** (0.0349)	0.0548 (0.0403)	0.0644 (0.0405)	0.0778* (0.0401)	0.0652 (0.0780)	0.0764* (0.0425)
INE	0.165 (0.456)	–0.645*** (0.114)	–0.654*** (0.178)	0.285 (0.225)	0.0113 (0.200)	–0.0307 (0.194)	–0.246 (0.446)	–0.206 (0.198)
OPEN	–0.0626 (0.101)	0.0436 (0.0400)	0.0483 (0.0623)	0.185** (0.0714)	0.137** (0.0676)	0.111* (0.0648)	0.0449 (0.104)	0.057* (0.0647)

续表

	(1)	(2)	(3)	(4)	(5)	(6)	(7)	(8)
	LSDV	2SLS	IV - GMM	LSDV				
FE	-0.262 (0.336)	-0.0660 (0.0672)	-0.0713 (0.0837)	-0.321 (0.238)	-0.439* (0.249)	-0.299 (0.236)	-0.255 (0.347)	-0.293 (0.248)
INF	0.0147 (0.0107)	-0.0343*** (0.00670)	-0.0352*** (0.00647)	0.00726 (0.00922)	0.00749 (0.00973)	0.0177* (0.00924)	0.0107 (0.0105)	0.0140 (0.0098)
EDU	0.240 (0.559)	-0.0430 (0.355)	-0.277 (0.589)	0.424 (0.427)	0.336 (0.434)	0.396 (0.424)	0.177 (0.557)	0.302 (0.447)
URBAN	2.660** (1.183)	0.898*** (0.167)	0.923*** (0.260)	2.816*** (0.551)	2.862*** (0.558)	2.780*** (0.546)	2.351* (1.244)	2.36*** (0.563)
个体效应	控制	控制	控制	控制	控制	控制	控制	控制
时间效应	控制	控制	控制	控制	控制	控制	控制	控制
样本量	217	217	217	217	217	217	217	217
R^2	0.959	0.955	0.955	0.961	0.959	0.961	0.956	0.957

注：此表为稳健性标准误，*、**、*** 分别代表在 10%、5%、1% 统计水平上显著。

由表 7 - 3 可以看出，不同估计方法均表明，数字普惠金融发展对居民生活存在显著的减贫效应，符合假设 H7 - 1。基于 LSDV、2SLS 和 IV - GMM 回归结果下的数字普惠金融发展指数弹性系数分别为 0.000427、0.000593 和 0.000618，并都在 1% 的统计水平下显著。考虑内生性后，数字普惠金融变量的弹性系数有所增加，说明内生性问题可能会造成对数字普惠金融发展促进贫困减缓的低估。其他控制变量的估计结果也与预期相符：居民收入增长、收入分配改善、城镇化发展等，均对贫困减缓起到了显著的促进作用；通货膨胀加剧降低了居民的生活水平，对贫困减缓发挥了阻碍作用；对外开放度提升在模型（7.1）、模型（7.2）、模型（7.3）中并不显著，但是在各分维度的减贫效应中具有显著影响；教育支出水平、财政支出没有产生减贫作用①。

表 7 - 3 还报告了数字普惠金融各个分维度的减贫效应。结果发现，作为数字普惠金融成长基础的账户覆盖率（AVA）对于贫困减缓发挥了明显的促进作用。在基础业务方面，个人支付（PAY）和小微信贷（CRE）对居民贫困减缓的作用较为明显，从列（4）~ 列（5）可以看出，各维度的减贫贡献率表现依次为：账户覆盖率 > 小微信贷 > 个人支付。以移动支付和小微信贷为主的数字金融业务提高了金融体系的包容性，为穷人创造了更多的经济机会，同时也将他们纳入金融资产的创造者中。

7.3.2 数字普惠金融减贫效应的异质性研究

表 7 - 3 证实了数字普惠金融发展对于省域整体居民的减贫效应，但并未揭示数字普惠金融对于不同群体的减贫效应。各群体能否平等地受益于数字普惠金融发展呢？若不同，那究竟是穷人受益更多还是富人受益更多？为此，本部分选取 10%、25%、50%、75% 和 90%

① 财政支出未能产生减贫作用，其原因可能是地方政府将更多支出用于行政事务，不利于居民减贫。

五个具有代表性的分位点划分省域居民的贫困等级，运用 IVQR 充实普惠金融发展的减贫效应，并刻画数字普惠金融和各个要素对不同消费群体的边际贡献信息。估计结果如表 7 -4 所示。

表 7 -4　不同贫困程度的群体受益于数字普惠金融的情况

变量	贫困等级				
	q10	q25	q50	q75	q90
lnDIFI	0. 00092 *** (0. 000152)	0. 00084 *** (0. 000144)	0. 00054 *** (9. 76e -05)	0. 00053 *** (0. 000184)	0. 00050 *** (8. 80e -05)
PGDI10000	0. 268 *** (0. 0314)	0. 248 *** (0. 0253)	0. 294 *** (0. 0540)	0. 383 *** (0. 0656)	0. 456 *** (0. 0416)
INE	-0. 243 (0. 183)	-0. 589 *** (0. 145)	-0. 540 *** (0. 199)	-0. 609 *** (0. 143)	-0. 671 *** (0. 0791)
OPEN	0. 0639 (0. 0927)	0. 132 * (0. 0790)	0. 112 (0. 0763)	0. 0283 (0. 0579)	-0. 00139 (0. 0374)
FE	-0. 297 ** (0. 115)	-0. 159 (0. 129)	-0. 217 ** (0. 101)	-0. 0752 (0. 0699)	-0. 0892 ** (0. 0394)
INF	-0. 0250 *** (0. 00742)	-0. 0335 *** (0. 00830)	-0. 0398 *** (0. 00865)	-0. 0205 * (0. 0109)	-0. 0111 (0. 00675)
EDU	-0. 538 (0. 516)	-0. 611 (0. 826)	-1. 038 * (0. 541)	-0. 405 (0. 430)	0. 126 (0. 298)
URBAN	0. 832 ** (0. 356)	0. 843 ** (0. 352)	0. 589 * (0. 351)	0. 594 *** (0. 216)	0. 371 *** (0. 134)
Constant	11. 27 *** (0. 837)	12. 22 *** (1. 019)	13. 10 *** (0. 929)	10. 88 *** (1. 226)	9. 858 *** (0. 718)
样本量	217	217	217	217	217

注：此表为稳健性标准误，*、**、*** 分别代表在 10%、5%、1% 统计水平上显著。

7.3.3 数字普惠金融减贫的内在机制

(1) 直接效应，增长效应还是分配效应?

如前所述，数字普惠金融的内在减贫机制主要有两种途径：一方面，数字普惠金融使金融基础设施更加健全，为穷人参与金融活动提供更多的经济机会，如在个人支付、小微信贷和保险业务方面给予弱势群体一定程度的支持，进而实现减贫，这是普惠金融实现减贫的直接作用；另一方面，数字普惠金融可以通过收入增长和收入分配实现减贫的中介效应减贫，其贡献程度如何，是否兼顾了公平与效率？下面，本章将基于效率与公平的视角考察数字普惠金融实现减贫的内在机制，对其进行实证分析，以验证假设 H7 - 3 和假设 H7 - 4。

数字普惠金融的减贫综合效应可以通过表 7 - 5 的列（1）~列（3）体现。可见，当采用 LSDV、2SLS 和 IV - GMM 等实证方法时，数字普惠金融估计系数在 5% 的统计水平下都显著。

数字普惠金融发展对居民收入的增长效应可通过表 7 - 5 的列（4）~列（6）体现。不同估计方法的回归结果一致表明，数字普惠金融对当期人均可支配收入存在显著的正向影响，且都通过了 1% 水平下的显著性检验。可见，数字普惠金融发展对居民收入增长的影响是稳健的，提升数字普惠金融在整个金融体系中的相对重要性有助于推动地方经济发展、增进经济效率。

数字普惠金融发展对居民收入的分配效应可通过表 7 - 5 的列（7）~列（9）体现。可见，通过 LSDV 和 2SLS 检验发现，数字普惠金融发展能够显著改善居民收入分配格局，缩小收入差距，促进社会公平，使弱势群体更多地分享经济发展成果。

另外，对比表 7 - 5 中列（4）~列（6）和列（7）~列（9）的回归系数均值可以发现，数字普惠金融的收入增长效应要明显大于收入分配效应，前者作用为后者作用的 2 ~ 3 倍。

（2）收入增长和收入分配的中介效应检验。

为检验收入增长和收入分配是否为完全中介变量以及是否存在直接效应，模型（7.4）将数字普惠金融发展的增收效应和分配效应纳入统一分析框架中，利用 LSDV、2SLS 和 IV - GMM 三种方法进行参数估计，结果如表 7 - 6 所示。

表 7-5　数字普惠金融实现农村减贫的内在机制实证结果

变量	综合效应			增长效应			分配效应		
	(1)	(2)	(3)	(4)	(5)	(6)	(7)	(8)	(9)
	LSDV	2SLS	IV-GMM	LSDV	2SLS	IV-GMM	LSDV	2SLS	IV-GMM
DIFI	0.000376** (0.00018)	0.000287** (0.00012)	0.000289** (0.00012)	0.000362*** (9.93e-05)	0.00037*** (0.00013)	0.00038*** (0.00013)	-0.0002*** (8.45e-05)	-0.0001* (5.63e-05)	0.000088 (5.57e-05)
OPEN	-0.139 (0.0991)	0.117* (0.0630)	0.112* (0.0631)	-0.0378 (0.0439)	0.0630 (0.0687)	0.0652 (0.0682)	0.0234 (0.0189)	0.109*** (0.0302)	0.113*** (0.0305)
FE	-0.347 (0.344)	0.00043 (0.0943)	0.00767 (0.0938)	-0.0099 (0.0967)	0.340*** (0.101)	0.338*** (0.101)	-0.0668 (0.0821)	0.293*** (0.0419)	0.291*** (0.0419)
INF	0.0150 (0.0108)	-0.0873*** (0.0078)	-0.0868*** (0.0078)	-0.0118** (0.0043)	-0.0970*** (0.0085)	-0.0972*** (0.0085)	0.000753 (0.0037)	0.0113*** (0.0033)	0.0116*** (0.0033)
EDU	0.175 (0.579)	0.252 (0.621)	0.261 (0.623)	0.103 (0.292)	1.317** (0.639)	1.302** (0.636)	-0.308 (0.241)	0.280 (0.197)	0.253 (0.198)
URBAN	2.067*** (0.679)	2.693*** (0.225)	2.714*** (0.224)	0.610** (0.287)	2.658*** (0.245)	2.648*** (0.243)	-1.22*** (0.258)	-0.45*** (0.0932)	-0.47*** (0.0944)
个体效应	控制	控制	控制	控制	控制	控制	控制	控制	控制
时间效应	控制	控制	控制	控制	控制	控制	控制	控制	控制
样本量	217	217	217	248	248	248	248	248	248
R^2	0.958	0.900	0.900	0.989	0.872	0.872	0.862	0.745	0.745

注：此表为稳健性标准误，*、**、*** 分别代表在 10%、5%、1% 统计水平上显著。

表 7-6　　　　中介效应检验结果

变量	增收中介效应			分配中介效应		
	(1) LSDV	(2) 2SLS	(3) IV-GMM	(4) LSDV	(5) 2SLS	(6) IV-GMM
DIFI	0.000379** (0.000181)	0.00050*** (0.000181)	0.00044*** (0.000092)	0.00041** (0.000180)	0.00031*** (0.000119)	0.00031*** (0.000119)
PGDI	0.0711 (0.0751)	0.251*** (0.0240)	0.248*** (0.0238)			
INE				0.127 (0.424)	-0.191* (0.052)	-0.197* (0.051)
OPEN	-0.0624 (0.101)	-0.00562 (0.0463)	-0.00929 (0.0468)	-0.142 (0.102)	0.135** (0.0639)	0.133** (0.0639)
FE	-0.286 (0.355)	-0.240*** (0.0676)	-0.221*** (0.0665)	-0.331 (0.324)	0.0591 (0.102)	0.0645 (0.101)
INF	0.0144 (0.0106)	-0.0463*** (0.00618)	-0.0467*** (0.00618)	0.0153 (0.0108)	-0.0850*** (0.00783)	-0.0847*** (0.00782)
EDU	0.181 (0.576)	-0.219 (0.393)	-0.284 (0.393)	0.219 (0.562)	0.318 (0.619)	0.326 (0.619)
URBAN	2.435** (0.945)	1.316*** (0.147)	1.341*** (0.146)	2.229** (0.883)	2.610*** (0.240)	2.615*** (0.240)
个体效应	控制	控制	控制	控制	控制	控制
时间效应	控制	控制	控制	控制	控制	控制
样本量	217	217	217	217	217	217
R^2	0.959	0.948	0.948	0.958	0.901	0.901

注：此表为稳健性标准误，*、**、*** 分别代表在 10%、5%、1% 统计水平上显著。

观察表 7-6 的列（2）、列（5），不难发现，收入增长（PGDI）和收入分配（INE）的估计系数依旧显著，结合表 7-5 中列（5）、列（8）中 DIFI 估计系数显著的结果，可以得出，收入增长和收入分配的中介效应作用显著，这一结果与假设 H7-3、假设 H7-4 一致。表 7-6 的列（2）、列（5）中数字普惠金融（DIFI）估计系数依然显著，表明数字普惠金融直接效应显著。表 7-5 中 2SLS 估计的数字普惠金融系数分别为0.000287、0.000369和-0.000101，结合表7-6列（2）、列（5）的收入增长（PGDI）和收入分配（INE）的估计系数分别为0.251和-0.191，计算可得收入增长的中介效应占总效应比重为32.27%，收入分配的中介效应占总效应比重为6.72%①。可见，作为数字普惠金融实现减贫的核心作用机制，收入增长的中介作用强于收入分配。

7.3.4 稳健性检验

鉴于我国幅员辽阔，不同地区之间经济发展状况差异较大，所以本部分将样本分为东、中、西三部分②，考察数字普惠金融发展在不同地区的减贫效应，具体结果见表7-7。

表7-7　稳健性检验：各地区数字普惠金融的扶贫效应

变量	被解释变量：贫困减缓					
	东部地区		中部地区		西部地区	
	LSDV	2SLS	LSDV	2SLS	LSDV	2SLS
DIFI	0.175* (0.169)	0.247* (0.149)	0.0912 (0.147)	0.143 (0.448)	0.231*** (0.0688)	0.339** (0.0557)
控制变量	有	有	有	有	有	有
时间效应	控制	控制	控制	控制	控制	控制

注：此表为稳健性标准误，*、**、***分别代表在10%、5%、1%统计水平上显著。

由表7-7可以看出，东部和西部地区的数字普惠金融对贫困减

① 由中介效应占总效应的比重为 $\lambda\eta/\alpha$ 计算得出，收入增长效应占总效应的比重为 $0.000369\times0.251/0.000287=0.3227$，收入分配效应占总效应的比重为 $(-0.000101)\times(-0.191)/0.000287=0.0672$.

② 根据《中国卫生统计年鉴》的标准，可将31个省区市分为三大地区：东部地区包括北京、天津、河北、辽宁、上海、江苏、浙江、福建、山东、广东、海南等11个省市；中部地区包括黑龙江、吉林、山西、安徽、江西、河南、湖北、湖南等8个省；西部地区包括内蒙古、广西、重庆、四川、贵州、云南、西藏、陕西、甘肃、青海、宁夏、新疆12个省区市。

缓具有显著的促进作用，中部地区则不存在显著影响。观察影响系数，不论是 LSDV 还是 2SLS，数字普惠金融对相对欠发达的西部地区贫困缓解的边际贡献要高于东部地区，这也是假设 H7－2 一致，即贫困地区的消费水平受数字普惠金融发展的影响作用较大。

7.4 本章小结

近年来，中国经济在保持持续健康快速增长的同时，扶贫也取得了举世瞩目的效果，在这一过程中，数字普惠金融发挥了重要的促进作用。本章在现有文献的基础上，从理论上研究数字普惠金融的扶贫效应，发现数字普惠金融能够通过长尾效应，借助于直接效应和间接效应两种机制实现贫困减缓的目标。

为验证数字普惠金融的扶贫绩效和内在机制，本章以中国为研究样本，采用基准回归模型、交互效应模型和中介效应模型，以北京大学数字金融研究中心（2020）的数字普惠金融指数为自变量，以居民人均消费水平为因变量，并加入中介变量和控制变量进行实证检验，得到以下结论：首先，数字普惠金融及其各个分维度的发展均能够显著提高居民消费水平，具有减贫效应，其中，账户覆盖率、个人支付和小微信贷的贡献作用较为突出；其次，数字普惠金融的减贫效应具有异质性，数字普惠金融能够使穷人受益更多，具有更高的边际贡献，因此，在经济相对落后和相对贫困的中西部地区，数字普惠金融的减贫效应要更为突出；再次，数字普惠金融通过直接影响和间接影响两大内在机制实现贫困减缓，其中间接影响表现为收入增长和收入分配效应，且收入增长的中介作用强于收入分配的中介作用；最后，观察其他控制变量，城镇化发展、对外开放等对贫困减缓起到了显著促进作用；通货膨胀加剧降低居民的生活水平，对贫困减缓发挥阻碍作用。

中小企业融资约束视角下的数字普惠金融发展研究
Chapter 8

第8章 数字普惠金融的影响因素分析

根据第5章检验结果，我们知道数字普惠金融能够有效缓解中小企业融资约束。因此，研究影响数字普惠金融发展的相关因素，并进行实证分析，确定影响方向和影响程度，从而探寻数字普惠金融发展的路径，进而有效解决中小企业融资“瓶颈”问题，推动中小企业的健康发展。

8.1 数字普惠金融影响因素理论分析

目前关于数字普惠金融相关影响因素研究较少。吴金旺(2019)① 等利用空间面板数据模型对数字普惠金融影响因素进行检验，认为“互联网+”、经济发展水平以及网络消费水平对各省份数字普惠金融的发展均产生显著正向促进作用。郝云平（2018，2019)② 通过实证研究发现：地区的经济发展情况与数字普惠金融指数呈“U”形关系，人口密度、金融意识、互联网使用情况均与数字普惠金融呈显著且稳健的正相关关系；城乡收入差距与数字普惠金融呈显著的负相关关系。本书主要以此为依据，确定数字普惠金融的影响因素。

8.1.1 影响数字普惠金融发展的经济因素

1. 经济发展水平

数字普惠金融是金融发展历程中重要的突破，必然会受经济发展的影响。而关于金融发展与经济增长的关系，一直是理论研究的热点

① 吴金旺，郭福春，顾洲一. 数字普惠金融发展影响因素的实证分析——基于空间面板模型的检验［J］. 浙江学刊，2018（3）：136－146.

② 郝云平，雷汉云. 数字普惠金融推动经济增长了吗？——基于空间面板的实证［J］. 当代金融研究，2018（3）：90－101. 郝云平，雷汉云，曲绍丹. 普惠金融供需影响因素及配给问题研究——基于调查问卷的经验证据［J］. 当代金融研究，2019（2）：114－126.

问题。武志认为金融的发展离不开经济，金融发展程度和当地经济发展水平正相关，发展高质量的金融需要良好的经济条件的支撑。经济发展引致金融需求增加，从而推动金融自由化与金融发展。经济发展速度快的城市或领域，产出贡献率相对较高，资金流入效率提高，数字技术更新较快，金融排斥现象缓解，数字普惠金融指数高。

经济呈现良好的发展势头会增加经济继续向好发展的可能性，从而会提高人们对经济形式的预期，使资金流入的效率提高，同时技术更新的加快也会减少金融排斥的现象。这些因素都会加快金融发展的步伐，导致金融机构的数量和遍布的地区会增多，金融产品越来越丰富。人们从种类丰富的金融产品和良好的金融服务中获得满足感，这会更加刺激人们对金融服务的需求，从而带动数字普惠金融的发展。因此，本书将经济发展水平作为影响因素进行研究，用 Loe 表示经济发展水平，用人均 GDP 作为指标。

2. 第三产业比重

从一个地区不同产业的比重也可看出当地的产业政策和发展的侧重点。不同地区由于资源禀赋的差异会选择最适合当地发展的方向。一般认为，农业发展较发达的地区，其经济结构中第二产业和第三产业的比重相对来说较低，其工商业发展程度不高，而这种地区的群体对金融服务需求比较单一，金融创新和金融产品供给会比较缺乏，这样的生存环境不利用金融机构的生存，从而抑制了金融供给，最终导致当地出现金融排斥现象，数字普惠金融发展程度也不会很高。反过来说，当一个地区的第三产业比重较高时，说明该地区的工商业化水平较高，人们对精神层面的要求更高，生活理念也较先进，可能进行更多的借贷来满足其日常生活，即第三产业与数字普惠金融的融合度较高。因此，本书以 ThR 表示第三产业比重，第三产业比重较大的地区其数字普惠金融指数也较高，因而预期指标 ThR 的系数为正。

3. 对外开放程度

对外开放主要从两个方面考虑，一方面是指国家积极主动“走出去”的对外开放，即国家主动加强和扩大对外的经济贸易活动；另一方面是指国家被动地对外开放，即取消国内商品市场和资本市场的保护限制，放宽外商投资的各种政策，对开放性经济给予支持。然而，短期内扩大贸易开放的步伐会引起一些暂时的问题，如由于存在外部的竞争压力、外部商品和资本市场的冲击，以及由此带来的商品价格和生产要素价格的剧烈波动，对整个资本市场产生极大的不确定性，从而影响金融行业的整体发展水平。因此，这种脱离了实际金融发展水平的贸易开放或者说对外开放水平不仅不能促进金融进一步的发展，反而还会产生阻碍作用。

从我国目前情况来看，虽然我国贸易的对外开放程度已经处于高水平，但是我国金融发展水平却仍然很低，这两个层面的不对等和不平衡发展或许不能起到很好的配合作用。因为贸易发展的步伐较快而金融业整体发展相对来说比较落后，中国在面对国际市场的生产要素和商品价格冲击时就会产生极大的不确定性，这种不确定性会导致国内投资者对资本市场望而生畏，从而减少了投资和融资的需求。总的来说，对外开放程度和金融发展水平的步调不一致是前者不能很好地促进后者发展的根本原因。本书用 Open 指标表示对外开放程度，由进出口总额占 GDP 的比重来衡量。根据上述原因，预期指标 Open 的系数为负。

4. 居民收入水平

尽管数字普惠金融强调对所有需要的群体提供金融服务，但实际上农户是发展数字普惠金融的主要受众，因为在这之前，他们都被排斥在正规金融体系之外。随着人们收入的提高，特别是农户收入水平的提高，人们对金融产品和服务的需求也越来越多样化，需求带动供给，直接提升了数字普惠金融的发展水平。同时，收入的提高也直接影响到金融机构对个人的信用评级。对农村居民来说，他们收入的提高也直接决定了他们是否仍然被排斥在金融机构可得性之外。因此，收入水平的提高也会促进当地普惠金融的发展。事实上，银行和其他金融机构在县域层面布局营业网点时，将人口规模和当地人均收入水平作为重要的参考指标。只有当人口规模和人均收入水平达到一定的程度时，在当地成立物理网点才是有利可图的。上述理论同样适用于数字普惠金融的发展，因为数字普惠金融的本质还是普惠金融。本书认为，不管是农户还是城镇居民，收入水平的提高都能带动金融产品的需求，从而促进数字普惠金融的发展。但是由于收入水平提高较快的地区其居民财富相应也增长较快，因此其储蓄相对较高。这表示该区域居民能够自给自足，因而其进行借贷的需求较少，所以收入水平的提高究竟如何影响数字普惠金融的发展还不能确定。本书用 Grow 表示收入水平的提高，用人均 GDP 的增长率进行计算。

5. 传统金融发展水平

（1）传统金融与数字普惠金融的关系。

目前理论界以“替代论”“补缺论”和“互补论”探讨数字普惠金融与传统金融的关系。

“替代论”认为，数字普惠金融包含互联网金融的技术，互联网金融的发展可以降低交易成本、提高交易效率，从而能够起到拓展交易边界的作用、达到无金融中介的模式并逼近于瓦尔拉斯一般均衡。因此可以说数字普惠金融对金融领域具有颠覆性，因为它作为一种新的金融模式，对于传统金融模式中直接和间接融资而言具有直接的替代作用。

“补缺论”认为，数字普惠金融的发展不在于取代传统金融业，而在于弥补传统金融的不足，提高效率。集合了传统普惠金融和互联网金融的数字普惠金融，从互联网金融的角度来说，互联网的广泛使用不仅在于提高信息的总量而且在于提升效率。互联网只是一个工具，不具有人的智慧，从而不具备辨别信息的能力。而传统金融中主要依靠人类智慧的地方在数字普惠金融中依然存在，因此互联网的使用并不能解决金融领域中信息不对称的问题。

“互补论”认为，一方面，集合了互联网金融的数字普惠金融在技术方面确实提高了传统金融的质量和效率，并且在人员流动、竞争示范作用、人员流动方面带来了技术溢出效应，从而提高了全要素生产率；另一方面，互联网技术的应用是对传统金融思维、理念、业务和流程方面的创新、升级和延伸，因此数字普惠金融并不能完全替代传统金融，其本质上还是没有超越金融的范畴。

（2）传统金融对数字普惠金融的推动作用。

数字普惠金融是对传统金融发展的延伸，而且传统金融对数字普惠金融的发展将起到重要的推动作用。

传统金融在人才输出、知识输出、高管流动方面能够助力数字普惠金融的发展。众所周知，传统金融在国内发展主要依靠银行类、保险类和证券类金融中介，其吸引了大量优秀人才，通过多年的行业红利，经过多年的发展，培养了大量的金融人才，成为中国金融行业发展的中坚力量。在这一过程中，形成了逐渐完善的金融中介体系、金融机构内部控制体系和公司治理结构，外部政策环境和监管体系日趋规范，在整体知识输出方面具有巨大的优势。同时，传统金融机构近年来人员流动性强，尤其是高级管理人员，部分流向村镇银行、中小金融机构等，能够更好地发挥其在普惠金融领域，特别是数字普惠金融领域的才能。

8.1.2 影响数字普惠金融发展的社会因素

1. 政府行为

到底要自由放任的市场，还是政府干预，政府和市场之间的关系及边界问题一直是理论界长期关注的问题。在社会主义市场经济条件下，资源配置主要依靠市场调节，市场配置资源是最有效率的形式，而社会主义制度的优越性主要依靠政府的宏观调控来实现。

对数字普惠金融的发展而言，地方政府在推动数字普惠金融发展实现潜在的比较优势时可以因势利导，着力破解知识、人才短缺方面的硬约束。虽然市场永远是配置资源的主导，但发展数字普惠金融仍然需要“有效市场”和“有为政府”的有机结合。因此，有效、恰当的政府干预可以助推数字普惠金融的发展。本书前面章节分析了数字普惠金融在解决中小企业融资约束、盘活中小企业发展上进行了深入分析。经济与金融的关系密不可分，金融就是经济的核心。从宏观层面来看，数字普惠金融作为一种新兴的金融业态能够产生金融聚集作用，而且具有创新溢出效应。自分税制改革以来，地方政府的财政能力受到了极大的削弱，数字普惠金融的发展可以成为新一轮的金融竞争，从而提升区域经济和金融地位，有效提高财政税收能力。在微观层面，中小企业“融资难、融资贵”的问题一直没有得到有效的解决，特别是 2020 年以来，面对疫情冲击，国内外整体经济下行压力巨大，而各地方政府承担的债务水平，导致其很难对本地中小企业提供足够的支持。因此，通过数字普惠金融支持借贷平台之间进行资金的有效融通，对于促进当地的发展，促进就业水平，缓解经济下行压力，并带来相应的税收具有积极作用。因此政府具有强烈的动机来促进当地的数字普惠金融的发展。

对于数字普惠金融的发展，政府干预的手段和措施主要有以下五种：一是倡导数字普惠金融的理念。由于数字普惠金融提出的时间还不长，因此发展数字普惠金融，提高金融的可得性，需要全社会长期、共同的努力，这其中需要政府的大力提倡推广，通过多种方式的结合宣传才能让公众对数字普惠金融的概念、作用形成深刻认识。二是制订数字普惠金融的战略。数字普惠金融的战略需要在顶层设计的基础上，辅以各利益相关者协调配合实施，最终形成统一的行动路线并完成最终目标。有了战略和行动纲领，才能协调相关部门、带动利益相关者、整合有效资源来推动数字普惠金融的健康、快速发展。三是监测数字普惠金融的状况。由于发展数字普惠金融需要掌握的信息杂乱且庞大，包括客户人群信息、金融产品和数量、金融结构数量和网点等，掌握这些信息的难度和成本都比较高，因此需要政府（或者委托第三方机构）制订合理、有效的指标体系，并从不同渠道获取相关信息，最终达到实时监测数字普惠金融发展现状和发展趋势的效果。四是政府应做发展数字普惠金融的践行者和先行者。由于发展数字普惠金融需要客户、金融机构、利益相关者、社会公众、第三方机构共同的协作配合，因此政府在践行数字普惠金融发展战略时需要以合作者的态度参与进来，协调各方的目标并投入行动当中。五是维护数字普惠金融的环境。数字普惠金融的重点是关注弱势群体的金融可得性，但这并不意味着可以抛开市场规律，政府在制订政策时需要在尊重市场规律的前提下，重点关注消除非市场壁垒和提供机会平等，维护良好的数字普惠金融发展环境。

2. 互联网发展水平

互联网是支持数字普惠金融发展的基础。数字技术的广泛应用使中国数字普惠金融的发展具有良好的先决条件，尤其是电商平台的发展和电子支付方式的兴起。传统金融机构由于地理条件的限制，使贫困地区或者边远地区的人群享受金融服务时，往往需要支付高额的成本。在发展数字普惠金融的进程中，互联网能有效提升基础设施服务，尤其是在电子支付方面，互联网的出现大大提升了生活的便利性和可靠性。另外，互联网的使用不仅便利了传统金融机构，也衍生出一些新型金融机构，这些机构能向贫穷人口或者原本被排斥在金融可得性的群体提供更便捷、成本更低、更易获得的金融服务和金融产品。在互联网、大数据以及区块链技术大力发展的前提下，发展数字普惠金融的成本有效降低。移动支付的普及改变了微型支付的可得性和便利性，消除了金融服务的地理屏障和地理歧视，解决了偏远地区金融服务不足和“最后一公里”的问题。互联网支付的应用推动了金融领域新旧产品的交替发展，成为发展数字普惠金融的重要推动力量。

3. 地理因素

考虑金融问题时地理区位的因素有时候也是重要的影响因素，本书试图从经济地理学的角度构建考虑了地理因素分析数字普惠金融的视角。经济地理学分为传统的经济地理学理论和新经济地理学理论。传统的经济地理学仅仅考虑了地理因素（例如两地之间的距离）和自然环境对区域差异化的影响，但是传统的经济地理学并不能解释一些自然禀赋和地理条件落后的地区，金融业发展也比较好的问题。正是由于传统经济地理学发展的不足催生了新经理地理学的崛起。Krugman（1991）提出的规模收益递增理论是新经济地理学的关键所在，其核心思想是两个初始条件相似的地区（地理因素和自然条件）也可能由于一些偶然的因素导致产业的聚集，最终产生了区域差异化发展的道路。

本书对地理因素的理解主要落脚在交通的发达程度、人口集聚度、通讯的便利等方面。交通和通讯等基础性设施建设完善的地区，金融机构在偏远地区开设新的分支机构的成本也会显著降低，同时也降低了人们使用金融服务的成本，从而促进了数字普惠金融的发展。而人口密集的地区其人口流动性强，对金融机构来说，平均到每一个人的成本也会降低，这对金融机构来说也是一大利好，因此金融机构布局网点时往往也会考虑人口规模的因素。本书用 Gf 表示地理因素，用人口密度来表示，因为人口密度能够综合考虑地理因素。人口规模集中、交通便利性好、通讯发达等地理优势显著的地区能提高人与人、人与金融产品的接触便利性，降低金融供给方和金融需求方的成本，因此本书预期该系数为正。

4. 人口受教育水平

人力资源越来越成为当今社会发展的重要资源，对金融业的发展也是如此。社会诚信的提高需要人口素质的提高，而人口素质的提高常常又伴随着人口受教育水平的提高。从金融从业者的角度来说，金融行业的发展需要无数高学历、高技能的金融专业人才，而金融系统从业人员知识和技能的提高往往只能通过提高教育水平来实现；从金融活动参与者的角度来说，随着人口受教育水平的提高，人们对金融的认知也在逐渐变得丰富，随之会提高金融活动的参与度。教育可以提高人们的金融风险意识，拓展金融投资的方式，同时对各项金融决策也会更加理性地去看待，这对整个金融行业健康稳步发展无疑都是一个重大利好。最后，整个社会的发展都需要诚信的文化氛围，随着我国征信体制的逐步完善，金融市场也将会向一个讲究高度诚信的市场转变。诚信的文化氛围的建立并不会是一蹴而就的，其需要人口素质的不断提高，相应需要人口受教育水平的提高。本书用 Fc 表示人口受教育水平，采用高等学校在校学生数和年末常住人口之比表示。教育水平是提高一个国家和地区金融发展的强劲动力，也是体现数字普惠金融发展潜力的重要指标，因此本书预期 Fc 指标的系数为正。

5. 城乡收入差距

我国的基本国情是普遍存在的城乡二元结构现象，这种结构通常伴随着巨大的城乡收入差距问题。城乡二元结构导致农村地区资金外流，即所谓的“系统性负投资”现象。国务院发展研究中心通过对我国农村地区的“系统性负投资”程度进行测算发现：1979 ~ 2000 年农村地区金融机构通过邮政储蓄、农信社等净流出资金达 10334 亿元。而这种“系统性负投资现象”无疑对农村地区的发展产生严重的阻碍作用。由于农村地区本来就处于二元结构中的低收入群体部分，已经形成了融资困难，这种“系统性负投资”下，原本的融资困难再加上资金外逃，形成了农村地区巨大的资金供给缺口。资金供给缺口不能通过正规金融体系得到满足，自然会滋生一些非正规金融。

短期来看，非正规金融对于解决资金问题起到一定的作用，但是由于其游离于监管之外，存在巨大的风险。一旦爆发金融风险，对原本脆弱的农村金融更是毁灭性打击。因此，对于存在二元结构的地区，数字普惠金融的出现，既能填补资金供给的缺口，又能置于监管范围内进行安全运作。因此本书采用城乡收入差距 Gap 来衡量这种二元结构现象，该比值越大，城乡收入差距越大。由于资本偏好于流向收入水平高的地区，因此城乡收入差距过大易导致农村地区出现金融排斥现象，最终降低了数字普惠金融指数，因此本书预期 Gap 指标的系数为负。

8.2　数字普惠金融影响因素实证分析

实证研究部分主要围绕数字普惠金融的影响因素进行研究。首先提出假设，然后对影响全国数字普惠金融发展的因素进行对比分析，并采用混合回归、面板回归、空间计量方法进行定量研究。

8.2.1　研究假设及数据来源

1. 研究假设

数字普惠金融并非对传统金融的颠覆，而是对传统金融的延续，这种延续使数字普惠金融的发展具有路径依赖性。因此本章提出假设：

H8－1：传统金融发展水平高的地区其数字普惠金融发展的水平也较高。

政府的干预就像一只“有形之手”，在“有效市场”的配合下同样也可以起到促进数字普惠金融发展的作用。然而对于中西部地区来说，其数字普惠金融指数相较于东部地区仍然落后很多，这可能归因于“有形之手”的反助推效应，也就是说，政府不恰当的干预反而阻碍了数字普惠金融的发展。对于政府干预这个变量，通过代理变量（财政压力）来表示政府干预水平。

一般而言，在财政能力遭到削弱的状况下，利用发展数字普惠金融来缓解财政压力是政府进行干预的动机。以 Level 作为调节变量，将其与变量 Gov 相乘构建交互项 Level × Gov。预期政府干预程度越大，该区域数字普惠金融发展越好，因此预期 Gov 系数为正。在传统金融欠发达地区由于政府可能存在不恰当干预，因此交互项 Level × Gov 的符号应为负。因此本章提出假设：

H8－2a：政府干预程度较大的地区其数字普惠金融发展水平也较高；

H8－2b：政府干预在传统金融不发达地区有反作用。

在金融领域中，信息不对称和交易成本高是影响金融行业发展的重要因素。但是互联网可以显著减轻这个问题，因此本章认为互联网发展水平可以促进数字普惠金融的发展。尤其是对于中西部地区来说，该地区存在传统金融发展程度低的先天劣势，同时也奠定了其发展数字普惠金融的潜在比较优势。本章用 IU 表示互联网发展水平，用互联网上网人数（万人）来进行计量，用 Level × IU 表示传统金融发展水平和互联网发展水平的交互项。因此本章提出假设：

H8－3a：数字普惠金融发展程度与当地的互联网发展水平正相关；

H8－3b：在传统金融不发达的地区，互联网发展能够利用潜在的比较优势推动经济发展。

本章将上述假设用模型表示为以下四个模型：

（1）不加入交互项。

$$DigitFin = \varphi_0 + \varphi_1 Level + \varphi_2 Gov + \varphi_3 IU + \beta X + \varepsilon \quad (8.1)$$

（2）加入 Level × Gov 交互项。

$$DigitFin = \varphi_0 + \varphi_1 Level + \varphi_2 Level \times Gov + \varphi_3 Gov + \varphi_4 IU + \beta X + \varepsilon \quad (8.2)$$

（3）加入 Level × IU 交互项。

$$DigitFin = \varphi_0 + \varphi_1 Level + \varphi_2 Gov + \varphi_3 Level \times IU + \varphi_4 IU + \beta X + \varepsilon \quad (8.3)$$

（4）同时加入 Level × Gov 和 Level × IU 交互项。

$$DigitFin = \varphi_0 + \varphi_1 Level + \varphi_2 level \times Gov + \varphi_3 Gov + \varphi_4 Level \times IU + \varphi_5 IU + \beta X + \varepsilon \quad (8.4)$$

2. 变量说明和数据来源

所有变量如无特殊说明，都来自《中国统计年鉴》和 Wind 数据库，表 8 - 1 列示了实证检验所需的全部变量及其定义。

表 8 - 1　　变量及数据来源

<table>
<tr><th colspan="2">变量属性</th><th>变量名</th><th>含义</th><th>计算方法</th></tr>
<tr><td colspan="2">被解释变量</td><td>DigitFin</td><td>数字普惠金融指数</td><td>普惠金融指数报告</td></tr>
<tr><td rowspan="10">解释变量</td><td rowspan="5">经济因素</td><td>Level</td><td>传统金融发展程度</td><td>金融相关比与人均 GDP 的回归</td></tr>
<tr><td>Loe</td><td>经济发展水平</td><td>人均 GDP</td></tr>
<tr><td>ThR</td><td>第三产业比重</td><td>第三产业产值/GDP</td></tr>
<tr><td>Open</td><td>对外开放程度</td><td>进出口总额/GDP</td></tr>
<tr><td>Grow</td><td>收入水平的提高</td><td>（当年 GDP - 上年 GDP）/上年 GDP</td></tr>
<tr><td rowspan="5">社会因素</td><td>Gov</td><td>政府干预程度</td><td>（财政预算支出 - 收入）/GDP</td></tr>
<tr><td>IU</td><td>互联网发展水平</td><td>互联网上网人数（万人）</td></tr>
<tr><td>Gf</td><td>地理因素</td><td>人口密度</td></tr>
<tr><td>Fc</td><td>人口受教育程度</td><td>高校在校学生数/年末常住人口</td></tr>
<tr><td>Gap</td><td>城乡收入差距</td><td>城乡居民人均可支配收入之比</td></tr>
</table>

注：金融相关比（存贷款总额与 GDP 总额的比值）与人均 GDP 进行回归，回归线以下的 Level = 1，表明该地区传统金融不发达；回归线以上的 Level = 0，为传统金融发达地区。

8.2.2 影响因素的混合回归分析

根据前面介绍，本章主要研究传统金融发展程度、政府干预程度和互联网发展水平对数字普惠金融的影响，因此本章首先假设所有个体都拥有完全一样的回归方程，采用混合回归粗略估计一下各影响因素的大小，混合回归的形式为：

$$Y_{it} = \alpha + X_{it}\beta + Z_i\delta + \varepsilon_{it} \tag{8.5}$$

其中，Z_i 为不随时间而变的个体特征，如性别；而 X_{it} 可以随个体及时间而变，α 表示没有个体异质性的截距项，ε 表示随个体和时间而变的扰动项。

将上述四个模型用 Stata 16.0 进行回归，结果见表 8－2。据此，我们可以对四个模型分析如下：

1. 模型 8.1：不加入交互项

不加入交互项时，Level 的系数显著为负，Gov 和 IU 指标的系数显著为正，并且调整后的判定系数（0.796）较高，这正好验证了我们的假设 H8－1，假设 H8－2a 和假设 H8－3a，即传统金融发展水平高的地区其数字普惠金融发展的水平也较高，传统金融发展水平低的地区其数字普惠金融发展的水平也较低，所以 Level 的系数为负；政府干预程度较大的地区其数字普惠金融发展水平也较高，所以 Gov 的系数为正；数字普惠金融发展程度与当地的互联网发展水平正相关，所以 IU 的系数为正。

表 8－2　四个模型的混合回归结果

	模型 8.1	模型 8.2	模型 8.3	模型 8.4
Level	−0.305*** （−4.080）	−0.170* （−1.830）	−1.565*** （−3.300）	−1.233 （−1.460）
Gov	0.642*** （2.650）	0.803*** （3.240）	0.642** （2.710）	0.694** （2.650）
IU	0.258*** （4.710）	0.240*** （4.420）	0.177* （2.880）	0.190* （2.820）
Loe	0.370*** （2.710）	0.265* （1.870）	0.344** （2.570）	0.316** （2.150）
ThR	1.088* （1.840）	1.282** （2.180）	1.194** （2.050）	1.232** （2.090）
Open	−0.553*** （−3.370）	−0.495** （−3.030）	−0.567*** （−3.520）	−0.545*** （−3.250）
Gf	0.047 （0.70）	0.013 （0.190）	0.046 （0.690）	0.035 （0.500）
Fc	11.927 （1.460）	12.774 （1.590）	15.47* （1.910）	14.932* （1.820）
Gap	−0.077 （−0.890）	−0.092 （−1.040）	−0.095 （−1.070）	−0.096 （−1.080）

续表

	模型 8.1	模型 8.2	模型 8.3	模型 8.4
Grow	-7.702*** (-13.280)	-7.782*** (-13.620)	-7.537*** (-13.20)	-7.601*** (-12.930)
Level × Gov		-0.656** (-2.400)		-0.211 (-0.480)
Level × IU			0.173** (2.690)	0.134 (1.270)
R - Squared	0.809	0.817	0.819	0.819
Adj R - Squared	0.796	0.803	0.805	0.804

注：*、** 和 *** 分别代表在 10%、5%、1% 的显著性水平下显著。

2. 模型 8.2：加入 Level × Gov 交互项

加入 Level × Gov 交互项后，Level × Gov 交互项的系数显著为负，说明政府干预在传统金融不发达地区表现出了负作用，虽然整体上政府干预能够促进数字普惠金融发展，但是这种促进作用在传统金融发达区域比较明显。加入 Level × Gov 交互项后，Level 指标的显著性和绝对值都有所减小，但仍然为负。说明该交互项的加入对 Level 指标产生了“挤出效应”。

3. 模型 8.3：加入 Level × IU 交互项

加入 Level × IU 交互项之后，系数都很显著，并且拟合优度有所提高，调整的判定系数由 0.796 提高到 0.805，说明 Level × IU 的加入确实可以解释原本缺失的一些内容。并且 Level × IU 的加入并没有对其他因素产生“挤出效应”，说明实现潜在的“比较优势”主要是通过互联网发展水平的提高来实现的。因此验证了假设 H8 - 3b：在传统金融不发达的地区，互联网发展能够利用潜在的比较优势促进当地数字普惠金融的发展。

4. 模型 8.4：同时加入 Level × Gov 和 Level × IU 交互项

同时加入 Level × Gov 和 Level × IU 交互项之后，Level × Gov 和 Level × IU 交互项的符号仍然符合预期，但是系数不显著。同时 Level

系数也变得不显著了，这说明两个交互项并不是同时发生作用的。即虽然同时存在政府干预通过传统金融进行作用和互联网发展通过传统金融促进了数字普惠金融的发展，但两者并不是同时作用的，就作用效力而言，后者的作用效应更大。

5. 其他因素的影响分析

对于其他解释变量进行分析，发现经济发展水平（Loe）在四个模型中都显著为正，但是在模型 8.1 中该系数最大且显著性最强，说明经济发展水平确实能够助推数字普惠金融的发展，并且模型 8.1 能更好地解释该变量的作用；第三产业占 GDP 的比重（ThR）在四个模型中都显著为正，说明在第三产业发达的地区数字普惠金融相对也比较发达；对外开放程度（Open）的系数在四个模型中都显著为负，说明对外贸易成交量大的地区数字普惠金融的发展相对落后；地理因素（Gf）的系数都为正，但是不显著，且该系数的绝对值很小，说明地理因素在促进数字普惠金融的发展过程中确实有作用，但该作用微乎其微；人口受教育水平（Fc）的系数都为正，显著性并不明显，但是绝对值很大，说明人口受教育水平的提高能促进数字普惠金融的发展；城乡收入差距（Gap）系数都是不显著为负，并且绝对值较小，说明城乡收入差距过大确实会阻碍数字普惠金融的发展，但是该反作用效果并不显著；另外，收入水平的提高都显著为负，说明在财富增长较快的地区人们进行融资的需求相对较少，因此数字普惠金融的发展比较落后。

8.3 本章小结

本章利用前面构建的数字普惠金融指数，选取了经济发展水平、产业机构、对外贸易、居民收入水平、传统金融发展水平等经济因素以及政府行为、互联网发展水平、地理因素等社会因素，对数字普惠金融指数和各影响因素之间的关系进行了实证检验，包括进行了混合回归分析和面板回归分析。

研究发现：传统金融发展水平对数字普惠金融有重要的正向影响；政府干预程度对数字普惠金融也有正向影响，但是这种影响存在差异性，在传统金融发展水平落后地区由于政策干预不当反而会阻碍数字普惠金融的发展；技术进步大大加快了数字普惠金融发展的步伐，并且互联网的应用对数字普惠金融的促进作用在传统金融落后的地区更为明显，因此有效发挥了落后地区的潜在比较优势；另外，城乡收入差距对数字普惠金融具有显著的阻碍现象，因此缩小城乡收入差距这个问题不容小觑。

中小企业融资约束视角下的数字普惠金融发展研究
Chapter 9

第9章 结论和建议

9.1 研究结论

近年来，数字科技同传统普惠金融的结合日益增强，数字普惠金融成为现代普惠金融发展的新阶段，对于缓解中小企业“融资难”、实现贫困减缓、推动经济持续健康发展具有重要的作用。在此背景下，本书在金融发展理论和中小企业融资理论的基础上，借鉴国内外现有研究成果，论证数字普惠金融与中小企业融资约束的关系，以期更好地在我国推动数字普惠金融的发展，在一定程度上改善中小企业“融资难、融资贵”的问题，从而推动我国经济持续健康快速发展。本书的主要结论有以下几点。

一是我国数字普惠金融快速发展，但仍存在种种问题。随着数字技术的发展和互联网的普及，普惠金融发展进入了数字普惠金融阶段，2016 年 9 月，G20 峰会发布的《G20 数字普惠金融高级原则》成为全球数字普惠金融发展的指引性文件。我国数字普惠金融也从快速发展起来，互联网支付、网络借贷、数字保险、网络众筹和互联网财富管理等形式如雨后春笋般遍布全国各地，优势尽显，但也存在以下问题：金融欺诈频发，用户信息安全受威胁；征信体系不健全，信息难以有效整合；监管政策待完善，无证执业现象明显等。

二是中小企业面临“融资难、融资贵”的实质是存在融资约束。中小企业是推动我国新生业态发展和经济转型升级的重要力量，同样面临“融资难、融资贵”问题，国内 90% 以上的中小企业依然无法获得匹配其发展的融资。“融资难、融资贵”是表象，其背后的根源是融资约束。在社会各方特别是政府部门、监管机构的关注和推进中，我国中小企业融资约束问题得到了一定程度的缓解，然而，受限于自身资产有限、抗风险能力较弱且资信水平偏低、融资信息不充分等共性问题，导致其直接融资受阻、正规金融机构信贷被拒，不得不求助于民间金融渠道但这又导致其融资成本持续上涨，加重了中小企业融资负担。

三是中国数字普惠金融指数近年来快速增长，呈现从东到西依次降低的趋势，且表现出很强的地区收敛性。本书主要依据北京大学数字金融研究中心的“北京大学数字普惠金融指数”，从覆盖面、深度和数字化程度三个维度，构建起相应的衡量指标体系，并对我国31个省区市的数字普惠金融发展水平进行测度。研究结果发现：首先，中国数字普惠金融2011～2018年实现了跨越式发展，而且数字金融使用深度的增长开始逐步成为数字普惠金融指数增长的重要驱动力，中国的数字普惠金融已经走过了粗放式的“圈地”时代，进入了深度拓展的新阶段、新时代；其次，各地区数字普惠金融发展呈现从东到西依次降低的趋势，区域间存在较大的差异，但从发展速度来看，中西部地区的数字普惠金融发展更快，区域之间的差异在变小；最后，中国数字普惠金融的发展表现出很强的地区收敛性，不同地区数字普惠金融发展差距总体上大幅缩小，数字普惠金融为经济落后地区实现普惠金融赶超提供了可能，并为广大中低收入者和弱势群体获得覆盖更广、使用深度更大的金融服务奠定了基础，进而有助于缓解中国经济发展中存在的不平衡问题。

四是数字普惠金融能显著缓解中小企业的融资约束，且这一缓解作用在民营中小企业中表现得更为突出。本章首先从理论上阐述了数字普惠金融在触达性、可获得性、高效性和风险控制四个维度的耦合作用下发挥长尾效应，通过拓宽融资渠道、降低融资成本和提高融资效率等途径缓解中小企业融资约束。在此基础上，本章利用现金－现金流敏感性模型和中小企业板上市公司数据进行经验研究，结果表明中小企业仍然面临显著的融资约束。中国数字普惠金融显著缓解了中小企业的融资约束，数字普惠金融的覆盖广度、使用深度和数字化程度均对中小企业融资约束具有缓解作用。为了区分数字普惠金融对不同性质中小企业融资约束的异质性影响，结果表明，相较于国有中小企业，数字普惠金融对民营中小企业融资约束的缓解作用更为明显。最后，多种稳健性分析再次支持了数字普惠金融对中小企业融资约束缓解的积极作用。

五是传统金融发展水平、经济发展水平、第三产业占比、政府干预程度、技术进步、互联网应用等对数字普惠金融发展具有正向的促进作用，城乡收入差距对数字普惠金融具有显著的阻碍现象。本章利用前面构建的数字普惠金融指数，选取了经济发展水平、产业机构、对外贸易、居民收入水平、传统金融发展水平等经济因素和政府行为、互联网发展水平、地理因素等社会因素，对数字普惠金融指数和各影响因素之间的关系进行了实证检验，包括进行了混合回归分析和面板回归分析。研究发现：传统金融发展水平对数字普惠金融有重要的正向影响；政府干预程度对数字普惠金融也有正向影响，但是这种影响存在差异性，在传统金融发展水平落后地区由于政策干预不当反而会阻碍数字普惠金融的发展；技术进步大大加快了数字普惠金融发展的步伐，并且互联网的应用对数字普惠金融的促进作用在传统金融落后的地区显得更为明显，因此有效发挥了落后地区的潜在比较优势；另外，城乡收入差距对数字普惠金融具有显著的阻碍现象，因此缩小城乡收入差距这个问题不容小觑。

9.2 发展数字普惠金融，缓解中小企业融资约束的政策建议

为了更好地推动数字普惠金融的发展，有效缓解中小企业融资约束，本书根据理论阐述、现状分析和实证结果结论，给出以下政策建议。

9.2.1 防范数字普惠金融风险，提高中小企业融资利用率

一是增强数字普惠金融高风险领域防控。数字普惠金融有很多高

风险领域，如网贷行业、P2P平台等，因此，应当下大力气加强风险防范。首先，政府应完善监管机制，完善网贷平台设立审批程序，对各项业务职能进行清晰的界定，严格审核网贷平台由信息中介向信用中介转变资质，明确划分数字金融行业监管主体，搭建行业内监管体系，完善数字金融协会建设，形成混合监管体系，转变监管流程，由事后处罚转向事前审核、事中监控制度，保持数字金融行业稳定持续发展。其次，引入金融“监管沙箱”机制。“监管沙箱”通过建立“微缩版真实市场+宽松的制度环境”，在保障消费者利益的前提下，“沙箱”内数字金融企业依据自身优势及对市场的理解从产品结构、服务形式、运营模式、结算手段等全环节加大创新尝试。最后，形成“政银担合作机制”，降低数字金融坏账损失。由政府牵头结合金融担保机构，共建中小企业担保资金池，并将具体业务执行交由专业的金融担保机构进行管理，并对资金的使用情况及运营效果进行不定期抽查，争取做到自负盈亏。

二是加快企业征信体系建设。信用体系不完善导致了信息不对称，导致了中小企业的融资约束。首先，大力推进企业征信市场化改革，鼓励大型、经验丰富的企业征信机构整合发展，构建适应数字金融特征的企业征信基本框架，引导“百行征信”在个人征信业务平稳发展的基础上，向企业征信方向不断尝试，将人工智能、深度学习等计算机技术应用于对数据的深层挖掘，提高企业征信服务效率，推动网贷平台、电商平台、企业通讯信息纳入央行征信进展，鼓励更多平台加入协会自律组织。其次，完善政府信息披露制度，提高征信系统使用效率。建设由工商、质检、财税、人民银行、社保、公检法、证监会、银保监会、统计局、工信部等联合参与的独立机构，专门从事地方中小企业征信管理、披露工作，加大政府公共部门数据公开、透明化力度，便捷数字普惠金融和中小企业信息获取和使用。最后，引入外资征信企业进入我国企业征信市场，积极学习、借鉴国外成熟的企业征信运作经验、产品形式、人才培养方法，引进竞争机制，提高我国企业征信市场活力和竞争力。

三是推进政府、传统金融机构、金融科技公司间创造性合作，建立和完善“三信平台”，切实降低中小企业融资成本。“三信平台”是指构筑“信用信息信贷”综合平台，由政府委托金融科技公司搭建，负责日常运营、技术支持，政府金融主管部门对金融科技公司的运营、管理情况进行实时监督。平台将形成对中小企业与小贷公司双向管理制度，并引入商业银行、金融担保机构提供资金支持和融资担保，基本框架如图 9－1 所示。

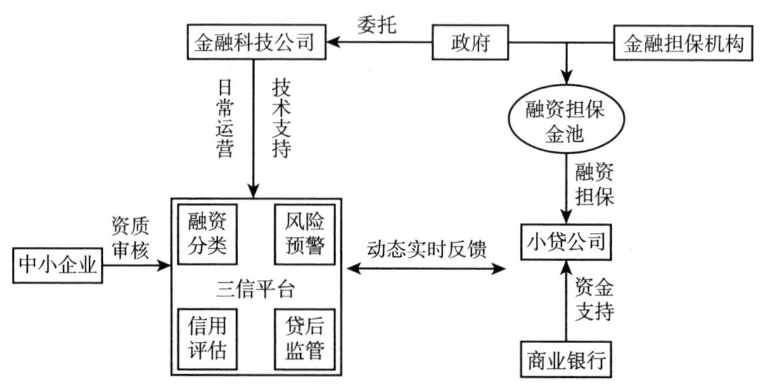

图 9－1　“三信平台”基本框架

9.2.2　增强数字普惠金融对中小企业融资的适应性

数字普惠金融本身就是数字金融和普惠金融的融合，只有进一步增强金融科技应用与研发力度，才能更好地为弱势群体（包括中小企业）提供金融服务。

一是加快传统金融数字化进程。深化传统金融科技化、信息化改革，实施金融创新战略。首先，加大对信息处理系统、金融科技创新的关注和投入，提高科技型人才比重，增强移动端功能研发，提高应用便捷性，扩大场景应用范围。其次，明确金融科技部门职能、地位，鼓励体制内创新，建立专门金融科技运营部门，推进与金融科技巨头开展深度合作，打造开放型数字金融生态圈。再次，转变各业务部门独立运营的纵向一体化管理机制，确立互联互通信息管理机制，确保客户信息安全的前提下，将金融科技融合到具体业务操作中。最后，重视数字化转型过程中的风险防控。数字化改革必然会增强传统金融企业经营风险，但数字化改革是必经之路，传统金融企业应积极尝试、分享改革经验，并充分利用新兴金融创新公司实践经验，尽早形成系统性改革方针，尽可能地控制和降低转型风险。

二是推进数字金融与科技深度融合。数字金融并非传统金融与金融科技的简单融合，而是需要产品、技术等各个方面的深度融合，数字金融更接近于一种解决方案，其包括信息技术、客户洞察、金融场景、产品运营、智能风控等方面，旨在提高金融机构与用户需求间的适应性，能够及时满足并预测用户偏好与需求。数字金融所涉及的技术基础主要包括：移动互联（用户端）、云计算（技术基础）、大数据及人工智能（数据处理）、区块链（信用保障）。

三是引导数字普惠金融向西部地区拓展。如实证结果显示，数字普惠金融对西部地区的融资支持作用显著，这就为长期饱受客观地理环境限制的中小企业带来新的融资契机。一方面，一线发达地区作为金融业主战场，也是企业竞争最为激烈的地区，服务、营销、补贴消耗了新兴数字金融企业大量资金；另一方面，近年来西部地区的数字化程度正逐步提高，这些地区只是长期受区位因素限制，致使新技术、新行业传递速度较慢，但仍具有庞大的消费群体可成为数字金融企业资金供给方，中小企业融资需求强烈，可能会成为金融“蓝海”领域，为成立时间较晚，原本处于弱势地位的初创数字金融企业提供良好的发展机会。

9.2.3　数字普惠金融环境下的中小企业自我完善

中小企业应提高自身信息化、数字化水平，重视企业云与信息管理系统的使用，形成中小企业集合融资模式，拓宽融资渠道。

一是提高中小企业信息化水平。中小企业缺乏健全的财务管理体系和信息披露机制是导致其融资约束的重要原因之一，中小企业应提高专业化财务管理软件应用，并积极尝试与第三方互联网财税公司展开合作，优化财务结构，提高财务管理体系规范性和信息化水平。

二是建立完善的信息管理内控制度。在日常运营的管理过程中，中小企业应使用市场普遍认可的信息管理系统或尝试利用信息服务供应商工作，建立信息管理数据库，广泛记录产品研发、生产管理、营销活动、客户交易、人力资源管理、供应链管理等方面数据内容，并重视非结构化信息的记录和保存，降低非授权人员篡改和舞弊现象发生的可能性，增强信息记录的及时性和完整性。

三是搭建数字化供应链生态系统，有效实现上下游中小企业商流、物流、资金流、信息流整合协调。一方面，增强供应链企业间信息和资源有效传递，将企业赊销、拆借规模、偿还情况在共享信息平台上集中体现，有助于了解识别供应链中企业资金利用效率，并确保各企业对潜在风险做出及时反映；另一方面，如果企业依托供应链进行对外融资，必须将其融资形式、融资规模向其他企业进行通报，增强信息透明性、及时性、准确性。

四是增强企业对数字普惠金融的理性选择。中小企业选择融资平台时，应结合项目投资周期，综合考虑平台融资效率、融资成本、运营能力、经营规范性，切勿盲目借贷，陷入暴力催债困境。应充分考虑融资平台资金实力，以及获得持续资金支持的可能性，防止数字金融平台经营、资金流出现问题引发企业财务风险。

9.2.4 着眼于各影响因素，推进数字普惠金融的完善和发展

根据实证检验结果，传统金融发展水平、经济发展水平、第三产业占比、政府干预程度、技术进步、互联网应用等对数字普惠金融发

展具有正向的促进作用，城乡收入差距对数字普惠金融具有显著的阻碍现象。因此，发展数字普惠金融应采取以下有针对性的措施。

首先，发展数字普惠金融需要和当地区域特色相结合，制定出差异化的战略。相关部门应因地制宜，缩小传统金融发展程度的差距。东部地区由于已经具有传统金融发展程度高的优势，其侧重点应该放在增强服务的创新性方面，大力发展新兴业态。而西部地区由于传统金融发展程度较低，应将重点放在提高金融的覆盖率方面，必要时提供金融支持和技术，加强金融领域相关基础设施建设。

其次，优化产业结构，大力发展第三产业。第三产业快速发展成为中国经济增长的新引擎。2012 年，第三产业占比首次超过第二产业，成为国民经济第一大产业。2018 年，第三产业占比进一步提升至 52.2%，对经济增长的贡献率为 59.7%。相比第一产业和第二产业，第三产业对于促进经济结构调整、缓解就业压力、改善投资环境和社会再生产条件、活跃城乡经济、提高经济总体效益和人民生活水平具有更好的成效，也有利于数字普惠金融发展水平的提高。

再次，数字普惠金融的发展需要借助政府干预和科技推动的力量。数字技术的运用使金融提供方的成本大大降低，也使金融需求者获取金融的成本降低，并逐步改变了人们享有金融的方式，最终推动了金融持续深化发展。中国要时刻将技术作为发展的动力，开辟出一条属于中国的数字普惠金融发展的特色之路，应持之以恒地借助数字技术进行创新，使金融服务能覆盖到更多的地区，进一步提高金融的普及性。

最后，通过政策引导和教育普及等措施，缩小城乡收入差距。一方面，政府应该着力于提高人们的受教育水平，通过各种渠道增强加人们的金融意识和知识；另一方面，政府还应该制订相应的政策措施，如加强对农业和农村的政策扶持、改善城乡二元结构、解决城乡收入差距过大的问题，这也是实现金融公平、社会公平的应有之义。

9.3 本书的不足之处和研究展望

受本人科研能力、数据可得性等方面影响，本书存在三个方面的不足之处，也是本人及其他学者今后的研究方向。

一是样本的全面性受到限制。本书研究对象为中小企业，我们能够获取公开数据的只能是各上市公司，包括中小企业板和创业板，科创板因为存续时间太短，尚不能作为数据来源，但是更多的中小企业特别是民营中小企业是非上市公司，本书很难通过官方渠道获得公开的数据，导致样本不够全面，使论证可能缺乏普遍性，影响了结果的可信性。

二是问卷调研的开展受到诸多限制。为了弥补官方数据不够全面的缺陷，本书进行了问卷调研，但受到经费等条件限制，目前只在山东省面向中小企业进行了问卷调研。本书需要以更大范围的跨地区、跨时期的企业调研数据为基础，才能得到具有普遍意义的结论。另外，进行问卷调研时，由于问卷中涉及很多财务数据，很多企业可能会拒绝接受问卷调查或是给出一些不真实、敷衍的数据，这也在很大程度上限制了结论的准确性。

三是本书只从理论上阐述了数字普惠金融缓解小微企业融资约束的内在机制，尚未进行实证检验。本书目前只对数字普惠金融与小微企业融资约束的关系、数字普惠金融缓解融资约束的异质性、数字普惠金融的影响因素等进行了验证，而作用机制的验证是实务界和学术界更为关注的问题，也将是我们今后努力的方向之一。

参考文献

[1] Sarma, M.. Financial Inclusion and Development [J]. Journal of International Development, 2010 (4): 121 -136.

[2] IMF. Approaches to a Regulory Framework for Formal and Informal Remittance Systems [M]. Washington, DC, 2005.

[3] Agarwal S., Hauswald R.. Distance and Private Information in Lending [J]. Review of Financial Studies. 2010 (7): 2757 -2788.

[4] Almeida H, Campello M, Weisbach M S, The cash flow sensitivity of cash [J]. Journal of finance, 2004, 59 (4): 1777 -1804.

[5] The World Bank. Global Financial Report 2018: Financial Inclusion [M]. Washington, DC, 2019.

[6] Rashid S., Yoon Y., Kashen S. B. Assessing the Potential Impact of Micro - finance with Agent - based Modelling [J]. Economic Modelling. 2011 (4): 226 -248.

[7] CGAP. Financial Access: Measuring Access to Financial Services around the World [M]. Washington, DC, 2009.

[8] The World Bank. Global Financial Report 2014: Financial Inclusion [M]. Washington, DC, 2015.

[9] Morgan P., V. Financial Stability and Financial Inclusion [R]. World Bank Working Paper, 2014.

[10] Beck T., Demirguc - Kunt A., Peria M.. Access to and Use of Banking Services Across Countries [J]. Journal of Financial Econom-

ics, 2007, 85 (1): 419 -442.

[11] Beck T., Demirgüçkunt A., Honohan P.. Access to Financial Services: Measurement, Impact, and Policies [J]. Social Science Electronic Publishing. 2009 (1): 119 - 145.

[12] Manoel Bittencourt. Financial Development and Inequality: Brazil 1985 - 1994 [J]. Economic Change and Restructuring, 2010 (2): 113 -130.

[13] Anand S. K., Chhikara K. S.. A Theoretical and Quantitative Analysis of Financial Inclusion and Economic Growth [J]. Management and Labor Studies, 2013, 38 (12): 103 - 133.

[14] Johnson S., Arnold S.. Inclusive Financial Markets: Is Transformation Under Way in Kenya? [J]. Development Policy Review, 2012, 30 (6): 719 -748.

[15] Andrianaivo M., Kpodar K.. Mobile Phones, Financial Inclusion and Growth [J]. Review of Economics and Institutions, 2012, 3 (2): 1 -30.

[16] Fazzari, S. M., Hubbard, R. G., Peterson, B. C., Financing Constraints and Corporate Investment [J]. Brookings Paperson Economic Activity, 1988.

[17] Khurana I K, Martin X, Pereira R., Financial development and the cash flow sensitivity of cash [J]. Journal of financial & quantitative analysis, 2006, 41 (4): 787 -807.

[18] Allen F., A. Demirgüc - Kunt, L. Klapper, M. S. M. Pería. The Foundations of Financial Inclusion: Understanding Ownership and Use of Formal Accounts [J]. Journal of Financial Intermediation, 2016 (27): 1 -30.

[19] Dabla - Norris E., Y. Ji, R. M. Townsend, D. F. Unsal. Distinguishing Constraints on Financial Inclusion and Their Impact on GDP, TFP,

and the Distribution of Income [R]. World Bank Working Paper, 2020.

[20] Agarwal S., Hauswald R.. Distance and private information in lending [J]. Review of Financial Studies, 2010 (7): 2757-2788.

[21] Khurana I. K., Martin X., Pereira R.. Financial development and the cash flow sensitivity of cash [J]. Journal of Financial & Quantitative Analysis, 2006 (4): 787-808.

[22] Colombo, M. G., A. Croce, M. Guerini. The Effect of Public Subsidies on Firms' Investment-cash Flow Sensitivity: Transient or Persistent. Research Policy, 2013, 42 (9): 1605-1623.

[23] Demertzis, M., S. Merler, G. B. Wolff. Capital Markets Union and the Fintech Opportunity. Journal of Financial Regulation, 2018, 4 (1): 157-165.

[24] Gomber, P., R. J. Kauffman, C. Parket. On the Fintech Revolution: Interpreting the Forces of Innovation, Disruption, and Transformation Financial Services. Journal of Management Information System, 2018, 35 (1): 220-265.

[25] 林毅夫，李永军．中小金融机构发展与中小企业融资[J]．经济研究，2001 (1): 10-18.

[26] 沈红波，寇宏，张川．金融发展、融资约束与企业投资的实证研究 [J]．中国工业经济，2010 (6): 55-64.

[27] 刘畅，刘冲，马光荣．中小金融机构与中小企业贷款[J]．经济研究，2017 (8): 65-77.

[28] 吴善东．数字普惠金融的风险问题、监管挑战及发展建议[J]．技术经济与管理研究，2019 (1): 66-69.

[29] 何韧，刘兵勇，王婧婧．银企关系、制度环境与中小微企业信贷可得性 [J]．金融研究，2012 (11): 103-115.

[30] 尹志超，钱龙，吴雨．银企关系、银行业竞争与中小企业借贷成本 [J]．金融研究，2015 (1): 134-149.

[31] 韩文亮. 中小银行普惠金融创新发展报告（2019）[M]. 中国金融出版社，2020.

[32] 姚耀军，董刚锋. 中小企业融资约束缓解：金融发展水平重要抑或金融结构重要——来自中小企业板上市公司的经验证据[J]. 金融研究，2015（4）：148-161.

[33] 张勋，万广华等. 数字经济、普惠金融与包容性增长[J]. 经济研究，2019（8）：71-86.

[34] 刘亦文等. 中国普惠金融发展水平测度与经济增长效应. 中国软科学，2018（3）：36-46.

[35] 北京大学互联网金融研究中心课题组. 数字普惠金融指数[R]. 2015-2018.

[36] 宋晓玲，侯金辰. 互联网使用状况能否提升普惠金融发展水平？——来自25个发达国家和40个发展中国家的经验证据[J]. 管理世界，2017（1）：172-173.

[37] 李涛，徐翔，孙硕. 普惠金融与经济增长[J]. 金融研究，2016（4）：1-16.

[38] 喻平，豆俊霞. 数字普惠金融发展缓解了中小企业融资约束吗[J]. 财会月刊，2020（3）：140-146.

[39] 邹伟，凌江怀. 普惠金融与中小微企业融资约束——来自中国中小微企业的经验证据[J]. 财经论丛，2018（6）：34-45.

[40] 梁榜，张建华. 中国普惠金融创新能否缓解中小企业的融资约束[J]. 中国科技论丛，2018（11）：94-105.

[41] 李建军，韩珣. 普惠金融、收入分配和贫困减缓——推进效率和公平的政策框架选择[J]. 金融研究，2019（3）：129-148.

[42] 易健行，周利. 数字普惠金融发展是否显著影响了居民消费——来自中国家庭的微观证据[J]. 金融研究，2018（11）：47-67.

[43] 周小川. 践行党的群众路线，推进包容性金融发展[J]. 求实，2013（18）：1-4.

［44］北京大学数字金融研究中心课题组．数字普惠金融的中国实践［M］．中国人民大学出版社，2017.

［45］闵小文．普惠金融的理性思考与实证研究［M］．百花洲文艺出版社，2020.

［46］彭向升．中国农村普惠金融发展研究［M］．经济科学出版社，2018.

［47］曾燕，黄晓迪，杨波．中国数字普惠金融热点问题评述（2018～2019）［M］．中国社会科学出版社，2019.

［48］傅秋子，黄益平．数字金融对农村金融需求的异质性影响［J］．金融研究，2018（11）：68－84.

［49］刘锦怡，刘纯阳．数字普惠金融的农村减贫效应：效果与机制［J］．财经论丛，2020（1）：43－53.

［50］刘畅，刘冲，马光荣．中小金融机构与中小企业贷款［J］．经济研究，2017（8）：65－77.

［51］周小川．践行党的群众路线推进包容性金融发展［J］．中国金融家，2013（10）：18－21.

［52］星焱．普惠金融：一个基本理论框架［J］．国际金融研究，2016（9）：21－37.

［53］李焰．企业集团化运作、融资约束与信用扩张效应［M］．北京：北京大学出版社，2011（5）.

［54］邓可斌，曾海舰．中国企业的融资约束：特征现象与成因检验［J］．经济研究，2014，49（2）：47－60，140.

［55］尹应凯，侯蕤．数字普惠金融的发展逻辑、国际经验与中国贡献［J］．学术探索，2017（3）：104－111.

［56］邱兆祥，向晓建．数字普惠金融发展中所面临的问题及对策研究［J］．金融理论与实践，2018（1）：5－9.

［57］蒋庆正，李红，刘香甜．农村数字普惠金融发展水平测度及影响因素研究［J］．金融经济学研究，2019（6）：123－133.

[58] 邓可斌，曾海舰．中国企业的融资约束：特征现象与成因检验［J］．经济研究，2014（2）：47－60，140.

[59] 罗党论，甄丽明．民营控制、政治关系与企业融资约束——基于中国民营上市公司的经验证据［J］．金融研究，2008（12）：164－178.

[60] 黄宏斌，翟淑萍，陈静楠．企业生命周期、融资方式与融资约束——基于投资者情绪调节效应的研究［J］．金融研究，2016（7）：96－112.

[61] 顾奋玲，解角羊．内部控制缺陷、审计师意见与企业融资约束——基于中国A股主板上市公司的经验数据［J］．会计研究，2018（12）：77－84.

[62] 张璇，李子健，李春涛．银行业竞争、融资约束与企业创新——中国工业企业的经验证据［J］．金融研究，2019（10）：98－116.

[63] 邹伟，凌江怀．普惠金融与中小微企业融资约束——来自中国中小微企业的经验证据［J］．财经论丛，2018（6）：34－45.

[64] 梁榜，张建华．数字普惠金融发展能激励创新吗？——来自中国城市和中小企业的证据［J］．当代经济科学，2019（9）：74－85.

[65] 王曙光．金融发展理论［M］．北京：中国发展出版社，2010.

[66] 黄东坡．中小企业融资结构理论述评［J］．征信，2013（9）：85－88.

[67] 邱兆祥，向晓建．数字普惠金融发展中所面临的问题及对策研究［J］．金融理论与实践，2018（1）：5－9.

[68] 陈卫东．缓解中小企业融资难［J］．中国金融，2018（13）：50－52.

[69] 连玉君，程建．投资—现金流敏感性：融资约束还是代理成本［J］．财经研究，2007（2）：37－46.

[70] 连玉君，苏治，丁志国. 现金—现金流敏感性能检验融资约束假说吗 [J]. 统计研究，2008 (10)：92 -99.

[71] 吴金旺，郭福春，顾洲一. 数字普惠金融发展影响因素的实证分析——基于空间面板模型的检验 [J]. 浙江学刊，2018 (3)：136 -146.

[72] 郝云平，雷汉云. 数字普惠金融推动经济增长了吗?——基于空间面板的实证 [J]. 当代金融研究，2018 (3)：90 -101.

[73] 郝云平，雷汉云，曲绍丹. 普惠金融供需影响因素及配给问题研究——基于调查问卷的经验证据 [J]. 当代金融研究，2019 (2)：114 -126.

[74] 王子菁. 融资约束_共享金融与小微企业成长性研究 [D]. 山东大学，2017.

[75] 王馨桐. 数字金融缓解我国中小企业融资约束研究 [D]. 哈尔滨商业大学，2019.

[76] 谢佳芳. 中国数字普惠金融的区域差异及其影响因素分析 [D]. 上海师范大学，2019.

[77] 郭峰，王靖一，王芳，孔涛，张勋，程志云. 测度中国数字普惠金融发展：指数编制与空间特征 [J]. 经济学季刊，2020 (4).

[78] 葛和平，朱卉雯. 中国数字普惠金融的省域差异及影响因素研究 [J]. 新金融，2018 (2)：47 -54.

[79] 黄倩，李政，熊德平. 数字普惠金融的减贫效应及其传导机制 [J]. 改革，2019 (11)：243 -254.

[80] 李建军，彭俞超，马思超. 普惠金融与中国经济发展：多维度内涵与实证分析 [J]. 金融研究，2020 (4)：37 -54.

[81] 蒋庆正，李红. 农村数字普惠金融发展水平测度及影响因素研究 [J]. 金融经济学研究，2019 (7)：123 -133.

[82] 孙英杰，林春. 中国普惠金融发展的影响因素及其收敛

性——基于中国省级面板数据检验［J］．广东财经大学学报，2018（2）：89－98．

［83］吕劲松．关于中小企业融资难、融资贵问题的思考，金融研究，2015（11）：115－123．

［84］朱武祥，张平，李鹏飞，王子阳．疫情冲击下中小微企业困境与政策效率提升——基于两次全国问卷调查的分析［J］．管理世界，2020（4）：13－26．

附录1　山东省数字普惠金融调研问卷

调查对象基本信息

1. 贵企业所在的地域：________ 市__________区（县）

2. 贵企业成立时间：（　　）

A. 1年以内　B. 2~5年　C. 6~10年　D. 10年以上

3. 贵企业所属行业（请在相应行业"√"）

(1) 农林牧 副渔	(2) 工业	(3) 建筑业	(4) 批发业	(5) 零售业	(6) 交通 运输业	(7) 仓储业	(8) 邮政业
(9) 住宿业	(10) 餐饮业	(11) 信息 传输业	(12) 软件和信 息服务业	(13) 房地产 开发经营	(14) 物业管理	(15) 租赁和商 务服务业	(16) 其他

4. 贵企业从业人员数为________

5. 贵企业的2013年营业收入为________ 万元

6. 2013年您企业的年净利润____________万元

借款类：

（种类、数额、成本、申请时间、借款期限、效果）

7. 2013年您曾经借过款吗？（　　）

A. 借过　B. 没有借过（跳答15题）

8. 您获得什么样的借款（　　）

A. 信用借款　B. 抵押借款　C. 担保借款　D. 保证借款

E. 其他

9. 借款来源（　　）

A. 正规金融机构：（1）农行
（2）工、中、建、交行
（3）邮储银行
（4）城市商业银行
（5）农商行
（6）农村信用社或农合行
（7）网络金融机构
（8）小额贷款公司

B. 互助性民间金融

C. 商业性民间金融机构

D. 国外金融机构借款

10. 2013 年末借款的平均数额为多少？

A. 5 万元以下　　B. 5 万 ~20 万元

C. 20 万 ~50 万元　　D. 50 万 ~100 万元

E. 100 万 ~200 万元　　F. 200 万 ~300 万元

G. 300 万 ~400 万元　　H. 400 万 ~500 万元

I. 500 万 ~700 万元　　J. 700 万 ~1000 万元

K. 1000 万元以上

11. 借款期限平均为：

A. 3 个月以下　　B. 3 ~6 个月

C. 6 ~12 个月　　D. 1 年以上

12. 从开始申请借款到借款到账，平均需要的时间：

A. 3 天以下　　B. 3 ~15 天　　C. 15 ~60 天　　D. 60 天以上

13. 借款的平均利率（不考虑隐含成本）为多少？（年化）

A. 5% 以下　　B. 5% ~10%　　C. 10% ~20%　　D. 20% 以上

14. 您认为所获得的借款是否改善了您的经营（　　）

A. 显著改善 B. 有所改善 C. 没有明显改善

15. 所获得的借款数额是否充足：( )

A. 充足 B. 不充足

16. 您的资金来源主要来自（ ）

A. 借款 B. 政府支持 C. 创业基金 D. 直接融资

E. 国外融资（只要是来自国外的，不管是直接还是间接融资，都选此项）

17. 您申请借款的目的通常是：

A. 还旧债 B. 扩大生产规模

C. 技术改造 D. 上新的项目

E. 研发 F. 流动资金

G. 其他

18. 在目前的借款条件下，您希望获得的融资数额：( )

A. 0 B. 0～5万元

C. 5万～20万元 D. 20万～50万元

E. 50万～100万元 F. 100万～200万元

G. 200万～300万元 H. 300万～400万元

I. 400万～500万元 J. 500万～700万元

K. 700万～1000万元 L. 1000万元以上

19. 您认为多高的年利率可以承受？( )

A. 5%以下 B. 5%～10% C. 10%～20% D. 20%以上

20. 通常情况下企业能够忍受的最长借款申请期限为

A. 三天以内 B. 一周以内

C. 半月以内 D. 一月以内

E. 两个月以内 F. 三个月以内

G. 半年以内 H. 一年以内

21. 您希望用什么样的方式进行担保？

A. 联保 B. 抵押担保 C. 担保公司 D. 保证保险

E. 其他或建议____________

22. 你希望用何种资产做抵押担保？

A. 机器设备　　　　　　　　B. 应收账款

C. 房地产权　　　　　　　　D. 土地产权或林权

E. 其他或建议

23. 您最希望从以下哪类金融形式获得资金？

A. 正规金融机构：（1）农行

（2）工、中、建、交行

（3）邮储银行

（4）城市商业银行

（5）农商行

（6）农村信用社或农合行

（7）网络金融机构

（8）小额贷款公司

B. 互助性民间金融

C. 商业性民间金融机构股权交易中心

D. 直接融资（1）新三板

（2）主板、中小板或创业板

（3）风投

（4）企业债券

（5）政策性基金

E. 政府资助

F. 国外融资

24. 您对互联网金融的了解怎样？

A. 没听说过　　　　　　　　B. 听说过，不可信

C. 想尝试，但不知道如何操作　D. 使用过

25. 您认为借款难的主要问题在哪里？

A. 利息太高　　　　　　　　B. 无抵押担保品

C. 路途遥远　　　　　　　　D. 手续复杂

E. 等待时间太长　　　　　　F. 借款时间太短

G. 不知道找什么样的机构贷　H. 没有熟人，贷不出来

I. 信用记录不好　　　　　　J. 借款的数额太小

K. 其他____________

26. 您周围的小微企业违约情况多吗？

A. 挺多的　　　　　　　　　B. 有几家违约的

C. 周围企业没有违约　　　　D. 不了解

27. 您觉得他们不还借款的原因是什么？

A. 不是不想还，实在是还不上　B. 很多企业都不还，跟着学的

28. 您的信用记录状况是否影响融资？

A. 是　　　　B. 否　　　　C. 不知道

29. 2013 年所获得的直接融资额度为：(　　)

A. 100 万元以下　　　　　　B. 100 万 ~500 万元以下

C. 500 万 ~1000 万元　　　　D. 1000 万元以上

30. 您认为直接融资难在哪里？(　　)(可多选，并按照重要性派讯)

A. 不了解如何进行直接融资　B. 手续复杂

C. 等待时间太长　　　　　　D. 费用太高

E. 融资额度太小　　　　　　F. 其他

31. 2013 年贵公司商业保险保费为：

A. 0　　　　　　　　　　　B. 0 ~5000 元

C. 5000 ~1 万元　　　　　　D. 1 万 ~2 万元

E. 2 万 ~5 万元　　　　　　F. 5 万元以上

32. 您获得过于保险有关的借款的数额为：

A. 0　　　　　　　　　　　B. 0 ~2 万元

C. 2 万 ~5 万元　　　　　　D. 5 万 ~10 万元

E. 10 万 ~50 万元　　　　　F. 50 万元以上

33. 您认为针对小微企业的商业保险存在什么样的问题?

A. 险种过少　　B. 费率太高

C. 手续繁杂　　D. 不了解保险产品

34. 您认为与保险有关的借款存在什么样的问题?

A. 不了解都有哪些该类产品　　B. 此类产品种类太少

C. 费率高　　D. 手续复杂

F. 其他____________

附录2　数字普惠金融指标体系

一级维度	二级维度		具体指标
覆盖广度	账户覆盖率		每万人拥有支付宝账号数量
			支付宝绑卡用户比例
			平均每个支付宝账号绑定银行卡数
使用深度	支付业务		人均支付笔数
			人均支付金额
			高频度（年活跃50次以上）活跃用户占年活跃1次以上比
	货币基金业务		人均购买余额宝笔数
			人均购买余额宝金额
			每万支付宝用户购买余额宝的人数
	信贷业务	个人消费贷	每万支付宝成年用户中有互联网消费贷的用户数
			人均贷款笔数
			人均贷款金额
		小微经营者	每万支付宝成年用户中有互联网小微经营贷的用户数
			小微经营者户均贷款笔数
			小微经营者平均贷款金额
	保险业务		每万支付宝用户中被保险用户数
			人均保险笔数
			人均保险金额
	投资业务		每万人支付宝用户中参与互联网投资理财人数
			人均投资笔数
			人均投资金额
	信用业务		自然人信用人均调用次数
			每万支付宝用户中使用基于信用的服务用户数

续表

一级维度	二级维度	具体指标
数字化程度	移动化	移动支付笔数占比
		移动支付金额占比
	实惠化	小微经营者平均贷款利率
		个人平均贷款利率
	信用化	花呗支付笔数占比
		花呗支付金额占比
		芝麻信用免押笔数占比（较全部需要押金情形）
		芝麻信用免押金额占比（较全部需要押金情形）
	便利化	用户二维码支付的笔数占比
		用户二维码支付的金额占比

附录3　分地区数字普惠金融指数衡量结果

年份	2011	2012	2013	2014	2015	2016	2017	2018
东11								
北京	79.41	150.65	215.62	235.36	276.38	286.37	329.94	368.54
天津	60.58	122.96	175.26	200.16	237.53	245.84	284.03	316.88
河北	32.42	89.32	144.98	160.76	199.53	214.36	258.17	282.77
上海	80.19	150.77	222.14	239.53	278.11	282.22	336.65	377.73
江苏	62.08	122.03	180.98	204.16	244.01	253.75	297.69	334.02
浙江	77.39	146.35	205.77	224.45	264.85	268.1	318.05	357.45
辽宁	43.29	103.53	160.07	187.61	226.4	231.41	267.18	290.95
山东	38.55	100.35	159.3	181.88	220.66	232.57	272.06	301.13
海南	45.56	102.94	158.26	179.62	230.33	231.56	275.64	309.72
福建	61.76	123.21	183.1	202.59	245.21	252.67	299.28	334.44
广东	69.48	127.06	184.78	201.53	240.95	248	296.17	331.92
中位数	61.76	122.96	180.98	201.53	240.95	248	296.17	331.92
中8								
山西	33.41	92.98	144.22	167.66	206.3	224.81	259.95	283.65
湖北	39.82	101.42	164.76	190.14	226.75	239.86	285.28	319.48
吉林	24.51	87.23	138.36	165.62	208.2	217.07	254.76	276.08
河南	28.4	83.68	142.08	166.65	205.34	223.12	266.92	295.76
安徽	33.07	96.63	150.83	180.59	211.28	228.78	271.6	303.83
黑龙江	33.58	87.91	141.4	167.8	209.93	221.89	256.78	274.73
江西	29.74	91.93	146.13	175.69	208.35	223.76	267.17	296.23
湖南	32.68	93.71	147.71	167.27	206.38	217.69	261.12	286.81
中位数	32.875	92.455	145.18	167.73	208.28	223.44	264.02	291.29
西12								
内蒙古	28.89	91.68	146.59	172.56	214.55	229.93	258.5	271.57
广西	33.89	89.35	141.46	166.12	207.23	223.32	261.94	289.25

续表

年份	2011	2012	2013	2014	2015	2016	2017	2018
重庆	41.89	100.02	159.86	184.71	221.84	233.89	276.31	301.53
四川	40.16	100.13	153.04	173.82	215.48	225.41	267.8	294.3
贵州	18.47	75.87	121.22	154.62	193.29	209.45	251.46	276.91
云南	24.91	84.43	137.9	164.05	203.76	217.34	256.27	285.79
西藏	16.22	68.53	115.1	143.91	186.38	204.73	245.57	274.33
陕西	40.96	98.24	148.37	178.73	216.12	229.37	266.85	295.95
甘肃	18.84	76.29	128.39	159.76	199.78	204.11	243.78	266.82
青海	18.33	61.47	118.01	145.93	195.15	200.38	240.2	263.12
宁夏	31.31	87.13	136.74	165.26	214.7	212.36	255.59	272.92
新疆	20.34	82.45	143.4	163.67	205.49	208.72	248.69	271.84
中位数	26.9	85.78	139.68	164.655	206.36	214.85	255.93	275.62

附表4　2011～2018年各省份的数字普惠金融指数（三个维度）

年份	省份	总指数	覆盖广度	使用深度	支付	保险	信贷	数字化水平
2011	北京	79.41	97.53	72.23	79.40	59.48	76.75	32.59
2011	天津	60.58	69.37	53.33	55.52	75.74	43.73	44.72
2011	河北	32.42	18.46	44.19	24.36	24.83	54.49	57.15
2011	山西	33.41	28.94	21.61	19.48	20.25	22.42	69.57
2011	内蒙古	28.89	24.65	30.27	27.51	49.83	22.42	40.35
2011	辽宁	43.29	44.96	44.64	49.24	48.98	42.31	35.33
2011	吉林	24.51	23.75	24.04	23.89	23.85	24.13	27.86
2011	黑龙江	33.58	21.12	36.28	33.74	39.37	35.28	69.83
2011	上海	80.19	98.85	86.24	100.00	72.82	90.30	7.58
2011	江苏	62.08	66.70	79.22	80.77	78.49	79.35	15.71
2011	浙江	77.39	85.53	93.52	96.52	100.00	90.48	21.22
2011	安徽	33.07	20.20	55.58	49.04	40.63	62.54	34.66
2011	福建	61.76	63.28	68.51	77.26	46.12	76.87	44.50
2011	江西	29.74	13.97	54.82	56.70	46.60	58.04	36.21
2011	山东	38.55	33.67	47.16	44.24	9.07	63.38	39.01
2011	河南	28.40	13.54	38.11	38.37	0.25	53.88	59.81
2011	湖北	39.82	35.17	53.56	69.15	44.82	55.47	30.18
2011	湖南	32.68	15.33	60.73	53.36	51.76	65.29	39.02
2011	广东	69.48	63.41	80.97	59.96	50.69	95.96	68.66
2011	广西	33.89	19.98	44.06	52.17	42.03	44.00	61.33
2011	海南	45.56	30.96	57.74	60.56	61.02	56.06	71.63
2011	重庆	41.89	40.38	47.46	59.24	57.04	42.14	36.77
2011	四川	40.16	29.02	58.56	45.49	73.61	53.74	43.50
2011	贵州	18.47	3.06	27.51	49.21	47.38	16.79	52.92

续表

年份	省份	总指数	覆盖广度	使用深度	支付	保险	信贷	数字化水平
2011	云南	24.91	7.47	48.39	55.11	82.08	33.58	39.81
2011	西藏	16.22	3.37	30.16	0.00	66.30	18.46	33.33
2011	陕西	40.96	37.81	29.74	34.44	26.16	30.71	71.74
2011	甘肃	18.84	4.99	12.76	10.82	6.48	15.59	75.61
2011	青海	18.33	1.96	6.76	0.00	21.99	1.16	93.42
2011	宁夏	31.31	32.27	23.16	15.68	41.09	16.51	42.96
2011	新疆	20.34	12.92	23.60	21.47	51.84	12.05	38.92
2012	北京	150.65	155.56	159.42	110.02	216.68	141.07	118.47
2012	天津	122.96	110.61	135.77	74.34	212.58	110.61	140.44
2012	河北	89.32	65.46	108.15	43.52	132.99	105.02	133.90
2012	山西	92.98	75.20	86.48	37.43	143.54	68.17	163.50
2012	内蒙古	91.68	75.03	95.44	45.63	158.40	74.75	139.78
2012	辽宁	103.53	89.01	120.36	69.54	187.08	98.21	120.91
2012	吉林	87.23	69.43	93.83	44.98	127.45	85.27	133.99
2012	黑龙江	87.91	66.48	100.46	56.37	153.19	83.40	135.89
2012	上海	150.77	149.35	174.72	136.14	227.70	156.94	111.94
2012	江苏	122.03	106.69	156.55	98.32	228.07	133.23	109.94
2012	浙江	146.35	128.50	200.42	130.89	324.29	156.52	107.07
2012	安徽	96.63	66.06	138.06	67.84	215.71	113.52	122.31
2012	福建	123.21	112.74	140.25	100.51	169.52	132.49	126.79
2012	江西	91.93	59.82	132.68	75.05	207.30	108.00	123.92
2012	山东	100.35	80.15	127.53	61.65	176.43	114.51	117.68
2012	河南	83.68	61.93	98.07	61.80	104.06	99.63	129.37
2012	湖北	101.42	82.06	125.84	90.83	173.75	109.77	121.00
2012	湖南	93.71	63.39	132.38	75.16	204.99	108.49	123.56
2012	广东	127.06	111.37	149.38	81.73	153.26	155.34	138.31
2012	广西	89.35	66.47	104.58	69.07	142.54	92.72	137.25
2012	海南	102.94	79.51	120.72	87.09	169.69	104.05	147.98

续表

年份	省份	总指数	覆盖广度	使用深度	支付	保险	信贷	数字化水平
2012	重庆	100.02	85.39	116.14	89.60	180.84	92.12	119.05
2012	四川	100.13	74.36	126.50	78.66	179.64	109.68	137.31
2012	贵州	75.87	49.87	89.92	79.69	155.99	63.49	136.21
2012	云南	84.43	52.78	111.96	75.43	177.58	88.67	138.91
2012	西藏	68.53	32.86	71.07	16.85	164.95	37.98	181.65
2012	陕西	98.24	83.62	98.61	58.38	141.46	85.23	145.88
2012	甘肃	76.29	54.72	68.98	36.32	117.06	52.57	160.79
2012	青海	61.47	47.12	51.85	16.33	136.35	20.57	126.30
2012	宁夏	87.13	76.78	90.34	40.51	158.36	67.53	115.46
2012	新疆	82.45	60.88	85.14	46.28	159.44	58.50	148.76
2013	北京	215.62	193.86	247.50	136.53	617.63	131.17	229.57
2013	天津	175.26	146.54	197.52	110.17	511.81	100.24	229.67
2013	河北	144.98	105.66	162.85	64.92	422.49	88.71	242.35
2013	山西	144.22	115.40	139.08	61.87	422.74	50.21	248.75
2013	内蒙古	146.59	116.37	138.84	73.66	369.88	72.30	260.45
2013	辽宁	160.07	126.67	181.54	93.89	485.17	90.42	231.33
2013	吉林	138.36	106.85	147.95	72.92	396.34	76.01	224.97
2013	黑龙江	141.40	104.49	152.58	80.25	418.82	72.84	242.97
2013	上海	222.14	187.31	280.93	169.95	680.74	156.87	230.30
2013	江苏	180.98	144.68	223.09	128.77	543.88	125.46	224.30
2013	浙江	205.77	167.96	265.48	166.23	649.99	144.69	222.12
2013	安徽	150.83	106.51	190.86	95.33	493.54	100.96	224.45
2013	福建	183.10	157.43	194.12	130.14	436.21	122.60	247.85
2013	江西	146.13	99.81	183.73	102.46	478.45	93.40	230.78
2013	山东	159.30	122.01	189.07	89.87	483.75	101.22	228.32
2013	河南	142.08	105.06	155.23	87.45	395.02	83.51	240.42
2013	湖北	164.76	123.74	197.04	111.20	511.31	99.50	241.51
2013	湖南	147.71	103.46	175.00	100.22	454.11	90.40	244.25

续表

年份	省份	总指数	覆盖广度	使用深度	支付	保险	信贷	数字化水平
2013	广东	184.78	153.33	208.44	106.47	466.62	137.12	245.61
2013	广西	141.46	106.97	153.84	99.06	417.00	72.55	232.82
2013	海南	158.26	121.75	173.37	110.76	468.48	80.81	251.39
2013	重庆	159.86	125.27	178.20	113.40	471.66	86.97	240.74
2013	四川	153.04	114.03	176.71	102.38	445.78	96.41	238.82
2013	贵州	121.22	89.59	125.46	100.53	384.99	41.00	217.93
2013	云南	137.90	95.59	153.55	97.13	413.08	72.86	249.15
2013	西藏	115.10	74.09	112.84	63.75	363.27	29.17	254.65
2013	陕西	148.37	123.60	145.94	78.61	399.93	68.00	234.55
2013	甘肃	128.39	96.77	114.20	69.51	357.10	36.43	258.60
2013	青海	118.01	88.18	113.42	63.67	389.30	22.35	224.82
2013	宁夏	136.74	115.08	129.02	44.50	399.35	46.74	222.32
2013	新疆	143.40	101.44	146.39	76.03	422.50	59.57	276.48
2014	北京	235.36	243.92	219.89	196.25	663.95	120.76	235.22
2014	天津	200.16	193.86	180.28	165.52	576.75	97.95	257.11
2014	河北	160.76	149.97	131.34	114.97	423.99	79.94	249.86
2014	山西	167.66	163.16	124.78	117.06	462.67	53.43	260.43
2014	内蒙古	172.56	165.46	114.88	117.47	428.70	53.41	300.84
2014	辽宁	187.61	175.49	162.89	143.45	550.31	87.32	272.53
2014	吉林	165.62	154.91	136.01	118.63	462.03	73.74	254.75
2014	黑龙江	167.80	152.48	142.48	127.57	484.01	75.98	264.41
2014	上海	239.53	237.02	242.78	225.10	725.26	142.88	241.88
2014	江苏	204.16	193.18	201.09	184.42	611.07	119.53	246.02
2014	浙江	224.45	217.48	233.67	224.06	687.54	139.65	230.71
2014	安徽	180.59	156.56	173.84	151.50	547.03	98.99	272.22
2014	福建	202.59	204.22	164.85	181.25	457.02	124.93	265.76
2014	江西	175.69	148.73	167.19	154.14	535.69	98.59	280.18
2014	山东	181.88	169.89	161.19	142.07	511.64	91.92	259.08

续表

年份	省份	总指数	覆盖广度	使用深度	支付	保险	信贷	数字化水平
2014	河南	166.65	157.52	132.24	137.08	415.49	84.05	259.31
2014	湖北	190.14	176.61	175.70	165.88	548.79	99.75	261.07
2014	湖南	167.27	150.42	153.46	148.44	479.47	94.02	247.99
2014	广东	201.53	199.63	175.04	156.69	485.07	128.04	255.98
2014	广西	166.12	154.29	139.98	139.02	449.06	82.67	252.66
2014	海南	179.62	170.99	153.80	157.71	529.76	71.93	255.03
2014	重庆	184.71	175.57	157.88	158.33	514.01	92.50	263.63
2014	四川	173.82	162.58	159.82	149.32	499.44	96.92	236.39
2014	贵州	154.62	139.90	114.08	126.53	421.51	55.52	276.90
2014	云南	164.05	147.22	144.30	134.42	475.79	82.03	255.54
2014	西藏	143.91	126.67	108.76	113.51	450.07	21.11	264.70
2014	陕西	178.73	173.25	139.00	122.05	472.64	72.71	269.00
2014	甘肃	159.76	148.10	107.29	111.91	426.42	35.84	293.60
2014	青海	145.93	139.24	108.40	109.16	443.05	24.58	236.23
2014	宁夏	165.26	167.18	114.28	111.45	446.04	41.97	251.55
2014	新疆	163.67	151.28	134.87	133.48	487.16	50.72	256.91
2015	北京	276.38	268.39	234.17	243.23	469.42	173.81	379.48
2015	天津	237.53	211.89	195.46	206.76	427.33	143.47	398.62
2015	河北	199.53	172.78	151.45	161.59	306.80	127.69	375.20
2015	山西	206.30	186.14	141.52	159.41	337.67	97.75	390.57
2015	内蒙古	214.55	185.34	136.04	154.71	332.60	100.99	453.66
2015	辽宁	226.40	194.17	178.41	181.60	398.60	132.75	420.06
2015	吉林	208.20	175.49	154.68	166.01	343.10	113.84	413.47
2015	黑龙江	209.93	174.68	164.06	170.10	363.16	111.50	409.72
2015	上海	278.11	258.98	259.81	268.49	521.32	201.70	374.54
2015	江苏	244.01	215.94	218.62	227.43	441.96	173.28	382.84
2015	浙江	264.85	239.33	251.29	270.92	518.33	196.90	373.77
2015	安徽	211.28	171.65	189.78	196.92	396.70	149.57	381.23

续表

年份	省份	总指数	覆盖广度	使用深度	支付	保险	信贷	数字化水平
2015	福建	245.21	226.60	198.23	230.19	396.13	185.79	392.01
2015	江西	208.35	170.86	182.48	194.78	397.91	151.45	379.14
2015	山东	220.66	192.11	178.15	186.17	372.83	141.22	392.16
2015	河南	205.34	181.50	151.05	174.98	307.69	130.90	382.73
2015	湖北	226.75	199.53	189.08	210.98	396.45	146.92	385.07
2015	湖南	206.38	170.07	174.47	186.49	371.97	143.89	384.24
2015	广东	240.95	225.52	195.87	207.36	365.29	187.62	373.79
2015	广西	207.23	176.33	153.46	177.23	341.68	133.25	406.94
2015	海南	230.33	192.26	184.91	195.59	438.80	128.84	438.59
2015	重庆	221.84	197.46	171.58	191.70	395.35	132.40	393.65
2015	四川	215.48	182.08	176.54	190.60	378.83	141.43	396.51
2015	贵州	193.29	160.98	132.74	155.83	345.19	95.40	410.01
2015	云南	203.76	167.96	158.79	168.47	383.48	122.14	403.67
2015	西藏	186.38	139.87	157.75	168.77	447.65	87.66	391.97
2015	陕西	216.12	194.92	157.95	162.76	355.33	116.87	391.85
2015	甘肃	199.78	169.67	125.25	142.62	319.06	84.74	434.64
2015	青海	195.15	159.59	136.50	143.26	357.89	85.05	419.14
2015	宁夏	214.70	190.35	134.87	149.39	364.97	90.12	440.18
2015	新疆	205.49	172.01	148.60	165.46	397.95	92.83	419.40
2016	北京	286.37	285.65	263.74	286.87	566.47	172.79	329.90
2016	天津	245.84	225.41	231.61	247.13	541.83	155.95	339.15
2016	河北	214.36	191.55	196.87	214.64	434.79	145.45	321.46
2016	山西	224.81	205.51	189.38	206.37	451.07	134.39	352.96
2016	内蒙古	229.93	202.00	184.89	195.22	466.55	125.88	404.00
2016	辽宁	231.41	207.74	220.06	219.02	523.97	152.90	330.21
2016	吉林	217.07	191.94	204.14	209.46	482.14	144.93	323.59
2016	黑龙江	221.89	191.24	206.54	214.35	496.97	142.58	350.97
2016	上海	282.22	274.25	281.48	309.09	615.25	190.79	309.94

续表

年份	省份	总指数	覆盖广度	使用深度	支付	保险	信贷	数字化水平
2016	江苏	253.75	233.22	253.08	279.69	560.71	174.22	322.80
2016	浙江	268.10	254.44	270.62	316.53	608.21	189.77	308.66
2016	安徽	228.78	194.89	229.95	248.77	524.77	161.80	338.54
2016	福建	252.67	240.47	245.12	287.16	566.68	180.46	306.70
2016	江西	223.76	188.79	222.74	242.01	533.27	157.10	341.08
2016	山东	232.57	209.80	217.81	235.54	488.04	154.33	334.58
2016	河南	223.12	200.65	199.22	226.02	446.66	146.68	340.80
2016	湖北	239.86	215.55	233.41	264.87	530.70	159.41	331.83
2016	湖南	217.69	186.13	219.80	233.88	517.19	158.56	318.07
2016	广东	248.00	240.07	236.50	266.79	516.88	181.38	295.07
2016	广西	223.32	193.51	202.21	227.42	476.80	149.01	360.15
2016	海南	231.56	210.09	220.35	232.99	562.52	134.72	322.83
2016	重庆	233.89	214.03	211.54	236.07	508.19	147.53	340.10
2016	四川	225.41	197.00	216.54	237.79	492.85	154.36	335.38
2016	贵州	209.45	180.70	182.70	190.36	479.22	131.03	353.03
2016	云南	217.34	185.37	203.17	206.68	501.83	141.41	348.65
2016	西藏	204.73	167.21	202.53	210.12	537.69	113.15	332.66
2016	陕西	229.37	211.17	202.87	213.12	471.15	140.55	337.60
2016	甘肃	204.11	189.28	172.66	182.10	434.02	111.11	310.24
2016	青海	200.38	177.73	182.26	181.72	457.67	118.71	308.11
2016	宁夏	212.36	205.92	179.62	191.98	461.68	118.95	293.12
2016	新疆	208.72	190.32	190.11	197.22	490.82	112.29	303.31
2017	北京	329.94	316.12	357.24	303.12	717.79	210.41	326.02
2017	天津	284.03	257.90	310.13	257.20	666.47	188.37	322.91
2017	河北	258.17	232.89	273.45	226.55	572.54	170.23	313.87
2017	山西	259.95	243.02	254.98	216.39	553.60	159.25	324.92
2017	内蒙古	258.50	238.92	249.20	196.40	563.67	141.03	340.10
2017	辽宁	267.18	239.87	291.27	224.18	630.04	182.83	313.57

续表

年份	省份	总指数	覆盖广度	使用深度	支付	保险	信贷	数字化水平
2017	吉林	254.76	227.45	273.62	210.33	593.75	170.99	310.72
2017	黑龙江	256.78	226.00	275.86	214.68	593.53	173.30	323.77
2017	上海	336.65	305.89	396.05	333.43	785.39	231.81	330.31
2017	江苏	297.69	272.32	328.93	298.29	688.84	205.11	324.69
2017	浙江	318.05	290.06	366.40	343.86	768.73	224.29	322.66
2017	安徽	271.60	234.70	309.55	271.32	662.72	188.94	324.48
2017	福建	299.28	275.40	334.33	309.03	704.80	210.30	314.47
2017	江西	267.17	228.52	305.92	261.96	672.55	182.36	324.38
2017	山东	272.06	247.19	290.92	248.98	619.98	180.27	319.92
2017	河南	266.92	241.45	279.56	247.49	584.25	170.34	328.09
2017	湖北	285.28	253.63	317.58	290.35	652.84	192.90	331.10
2017	湖南	261.12	223.47	297.70	248.52	641.34	181.95	318.96
2017	广东	296.17	275.91	328.17	288.57	676.58	209.91	304.92
2017	广西	261.94	232.73	279.52	244.56	601.91	174.67	326.44
2017	海南	275.64	253.39	297.53	247.67	656.86	171.45	309.34
2017	重庆	276.31	249.50	301.21	246.62	621.74	179.45	319.57
2017	四川	267.80	231.87	301.54	245.24	620.25	181.94	325.14
2017	贵州	251.46	227.77	258.44	207.60	594.73	157.08	316.99
2017	云南	256.27	223.54	282.85	217.82	604.28	164.67	316.08
2017	西藏	245.57	209.29	273.79	219.80	596.15	146.69	314.10
2017	陕西	266.85	246.48	276.00	226.87	586.20	166.68	317.47
2017	甘肃	243.78	227.38	240.39	196.94	526.80	132.77	304.10
2017	青海	240.20	215.67	251.09	189.51	534.91	135.86	301.42
2017	宁夏	255.59	242.42	252.21	189.87	552.15	138.21	305.24
2017	新疆	248.69	228.82	249.10	196.68	539.02	131.99	313.56
2018	北京	368.54	353.87	366.78	317.54	747.90	216.26	420.19
2018	天津	316.88	295.35	317.94	278.23	717.91	191.02	386.10
2018	河北	282.77	264.06	267.92	238.96	608.74	166.12	371.55

续表

年份	省份	总指数	覆盖广度	使用深度	支付	保险	信贷	数字化水平
2018	山西	283.65	277.03	249.73	243.58	560.07	163.01	367.19
2018	内蒙古	271.57	269.49	232.31	205.87	561.44	141.03	349.76
2018	辽宁	290.95	271.81	279.48	237.75	647.87	169.26	375.01
2018	吉林	276.08	256.55	255.23	216.84	584.77	159.50	378.46
2018	黑龙江	274.73	256.12	254.88	220.17	571.27	160.68	372.28
2018	上海	377.73	346.33	400.40	356.14	849.62	243.08	440.26
2018	江苏	334.02	311.95	333.09	313.48	732.70	208.82	408.62
2018	浙江	357.45	330.17	372.01	379.51	838.08	229.70	421.07
2018	安徽	303.83	273.41	309.62	286.38	726.16	191.80	393.79
2018	福建	334.44	312.31	334.30	324.73	748.45	215.68	407.76
2018	江西	296.23	266.46	296.52	273.50	688.64	186.82	394.00
2018	山东	301.13	281.99	287.85	263.14	653.12	179.46	388.48
2018	河南	295.76	278.46	275.74	269.68	627.45	178.31	389.27
2018	湖北	319.48	292.56	322.44	307.65	705.24	199.53	402.99
2018	湖南	286.81	258.07	286.55	248.24	653.41	178.89	382.19
2018	广东	331.92	312.44	329.93	305.54	733.02	214.14	399.86
2018	广西	289.25	270.41	272.49	258.82	629.05	177.77	381.93
2018	海南	309.72	294.40	300.23	265.85	683.33	184.31	377.54
2018	重庆	301.53	285.11	285.60	261.95	622.31	178.41	384.74
2018	四川	294.30	266.15	295.83	256.25	656.64	177.18	384.51
2018	贵州	276.91	267.39	241.33	220.88	575.72	161.93	373.01
2018	云南	285.79	262.29	278.84	228.89	622.58	166.04	376.06
2018	西藏	274.33	249.82	267.16	234.36	582.08	152.56	368.33
2018	陕西	295.95	281.05	277.15	253.23	609.53	173.95	379.31
2018	甘肃	266.82	261.29	227.52	207.77	511.72	142.63	356.54
2018	青海	263.12	251.69	235.31	194.60	505.29	141.36	351.43
2018	宁夏	272.92	274.25	225.27	207.53	522.09	144.76	355.14
2018	新疆	271.84	267.35	232.94	209.70	491.33	135.86	357.37